REBEL GIRLS

QueRida ReBeLDe...

60 MUJERES INCREÍBLES TE CUENTAN SUS SECRETOS PARA LOGRAR TODO LO QUE TE PROPONGAS

Copyright del texto © 2023 Rebel Girls excepto:
"Respira profundamente" p. 16, copyright © 2023 Deanna Rodger
"Querida rebelde" p. 26, copyright © 2023 Drew Barrymore
"Querida yo niña" p. 56, copyright © 2023 Allison Raskin
"Brillante" p. 80, copyright © 2023 Dilshad Vadsaria
"Querida niña rebelde" p. 123, copyright © 2023 Brenda Chapman

Dirección de arte: Giulia Flamini
Diseño gráfico: Kristen Brittain
Edición: Eliza Kirby
Agradecimientos: Jes Wolfe, Amy Pfister, Rachel Toby, Kylie Courtney, Elena Favilli, Michon Vanderpoel, Sarah Parvis, Jess Harriton, Grace Srinivasiah, Jacqueline Pezzillo, Briana Richard, Elizabeth Stepanyan, Miranda Gooding.

De la edición en español:
Traducción: Ariadna Molinari
Revisión: Mariona Barrera
Composición y maquetación: Miguel Ángel Mazón Studio
Coordinación de proyecto: Lakshmi Asensio
Dirección editorial: Elsa Vicente

Publicado originalmente en Estados Unidos
en 2023 por Rebel Girls, Inc.
421 Elm Ave.
Larkspur, CA 94939
www.rebelgirls.com

Copyright © 2023 Dorling Kindersley Limited
Título original: *Dear Rebel*
© Traducción española: 2024 Dorling Kindersley Limited
Primera edición: 2024

ISBN: 978-0-5939-5991-6
Impreso en China
www.dkespañol.com

Este libro se ha impreso con papel certificado por el Forest Stewardship Council™ como parte del compromiso de DK por un futuro sostenible. Para más información, visita www.dk.com/uk/information/sustainability

Prólogo

Bienvenida a *Querida Rebelde... 60 mujeres increíbles te cuentan sus secretos para lograr todo lo que te propongas.*

En este inspirador libro encontrarás palabras de ánimo, comprensión y sabiduría escritas por mujeres de todo el mundo que una vez fueron adolescentes como tú.

Estas increíbles mujeres han logrado éxitos espectaculares y han perseverado ante el fracaso. Te darán consejos sobre cómo marcarte metas y soñar a lo grande, te recordarán cómo respirar cuando te sientas abrumada y te motivarán para que seas la mejor versión posible de ti misma.

¡Si ellas pueden, tú también puedes!

Conocerás la historia de Bhakti Sharma, que batió un récord nadando en las heladas aguas del océano Antártico, de la escritora e inventora Andini Makosinski, de profesionales de la música como Berta Rojas y Joan Jett, e incluso de estrellas de Hollywood como Drew Barrymore.

Sea lo que sea lo que te interese, lo que quieras ser cuando crezcas, incluso si no estás segura de lo que quieres ser, en estas páginas vas a encontrar a alguien que te inspirará.

No hay una forma correcta o incorrecta de disfrutar de este libro, puedes hojear sus páginas, o leerlas de principio a fin, o quizá quieres encontrar primero a tu rebelde favorita e ir descubriendo las historias poco a poco. Tú decides.

Estamos muy orgullosas de compartir contigo *Querida Rebelde...*

El equipo de *Rebel Girls*

Contenidos

Querida rebelde valiente:

Cuando era niña, mi familia detestaba hacer largos viajes conmigo. Desde que empecé a hablar, me dediqué a plantear incontables preguntas.

—Papi, ¿qué es eso que está al otro lado de la ventana?

—Es un puente.

—¿Por qué?

—Porque la gente lo construyó para poder cruzar por encima del agua.

—¿Por qué avanzamos tan lento?

—Porque hay mucho tráfico.

—¿Por qué?

Podía pasar horas así.

Si no estaba molestando a la gente a mi alrededor con preguntas, estaba sentada en mi habitación, escribiendo historias. Escribí sobre las aventuras de Dolly —mi muñeca Cabbage Patch— y su hermana Cassie. Escribí sobre Twinkie, la gatita de mi mejor amiga, que en mis cuentos era mágica y hablaba por las noches. Escribí también sobre ser una escritora famosa cuando fuera mayor.

Por eso me emocioné tanto cuando en bachillerato tuve la oportunidad de colaborar en el periódico escolar. Quería entrevistar a todo el mundo y contar montones de historias.

¿Por qué?

Pase lo que pase, mi querida joven rebelde, no hay que tener miedo a hacer preguntas incómodas.

Al poco tiempo, descubrí también que a veces a la gente no le agradaban mis preguntas. Por ejemplo, quise escribir un artículo sobre el código de vestimenta escolar para las fotos del anuario. Era una escuela solo para chicas, y a cada estudiante de último año se le asignaba una página completa del anuario, la cual podía diseñar con fotos y frases propias. Sin embargo, descubrí que no podían poner fotos de sí mismas con vestidos sin tirantes, y eso les parecía injusto a muchas de ellas.

Empecé a entrevistar a varias estudiantes a quienes les habían rechazado sus fotos. Algunas profesoras pensaban que eran inapropiadas, de modo que, cuando se enteraron del artículo que escribiría, empezaron a quejarse.

Un día, una maestra me pidió que habláramos a solas.

—Si yo fuera tú, no escribiría ese artículo —dijo—. Varias maestras se molestarán.

No supe qué hacer. No quería meterme en problemas, pero tampoco me parecía una regla justa, y estaba convencida de que las estudiantes tenían derecho a expresarse con respecto a sus propias páginas del anuario. Me acerqué entonces a mi maestra de literatura, quien además dirigía el periódico.

—Sigue adelante —me dijo—. Sigue haciendo preguntas incómodas. Pero asegúrate de conocer ambos lados de la historia y de ser justa.

Y eso fue lo que hice. Entrevisté a las alumnas, y luego le pedí a la directora, que fue quien implementó esa regla, que diera respuesta a sus inquietudes. El artículo se publicó. Aun así, la política escolar no cambió, pero al menos me gustó que mi artículo saliera a la luz.

Seguí colaborando en el periódico escolar cuando entré en la universidad. Escribí artículos sobre las obras de teatro que montábamos en el campus, sobre los problemas que afectaban a nuestra institución y sobre las elecciones.

Cuando me gradué, mi gran sueño era ser reportera. Sin embargo, no fue fácil encontrar trabajo. A diario escribía a distintas empresas para preguntar por algún puesto, pero por lo regular no recibía respuesta. Finalmente, un día me convocaron a una entrevista para un puesto de redactora de una publicación de noticias financieras, que era un tema que desconocía. Curiosamente, la entrevista salió bien.

—Haces buenas preguntas —me comentó el director de los boletines de noticias antes de llevarme a otra habitación para que hiciera una prueba escrita.

La primera parte de la prueba consistía en leer algo y escribir un artículo al respecto. Eso fue sencillo. Pero luego vino una segunda sección sobre problemas matemáticos. Empecé a sudar frío y alcé la mirada para ver lo lejos que estaba la salida y descifrar si podía escaparme sin que se dieran cuenta. Siempre había sido mala para las matemáticas. Estaba segura de que no me saldría bien. Sin embargo, la puerta estaba demasiado lejos como para escaparme sin que me vieran, así que decidí hacer mi mejor esfuerzo. Para mi sorpresa, días después me llamaron para ofrecerme el puesto.

Aun así, seguía sin saber nada sobre finanzas o sobre el funcionamiento de los bancos. El primer día de trabajo, el editor, que era mi jefe, me dio la instrucción de que me informara sobre un tipo de seguro muy complicado que los bancos estaban ofreciendo y que hacía perder dinero a la gente. Me dio una lista de personas a las cuales llamar, y al ver sus nombres se me encogió el corazón. ¿Cómo lograría no parecer ignorante frente a aquellos ejecutivos?

—No finjas que lo sabes todo —me recomendó mi jefe—. Tú hazles preguntas hasta que averigües lo necesario. Y luego ponlo por escrito.

Y eso es precisamente lo que he hecho durante los últimos 25 años.

Hoy en día escribo para uno de los periódicos más importantes del mundo, el *Wall Street Journal*. Millones de personas leen nuestros artículos, y tengo la oportunidad de escribir sobre gente y empresas que crean nuestros programas y películas favoritas, desde *Star Wars* hasta *Harry Potter*.

A la gente no siempre le gustan las preguntas que hago o los artículos que escribo. Incluso hay quien ha amenazado con demandarme, quien me ha gritado, quien me ha colgado el teléfono y quien ha amenazado con lograr que me despidan. Confieso que han sido momentos aterradores. Aun así, sigo haciendo las preguntas incómodas y sigo escribiendo los reportajes.

Tener la valentía necesaria para plantear preguntas incómodas no solo me ha ayudado a ser mejor periodista, sino también a ser mejor parte de mi comunidad y mejor madre de mis dos hijos, Leo y Elena.

Pase lo que pase, mi querida joven rebelde, no hay que tener miedo a hacer preguntas incómodas. Y jamás permitas que alguien te haga sentir como una tonta por haberlas hecho. Elijas la carrera que elijas, hacer preguntas siempre te ayudará a ser mejor en tu profesión.

Con amor,
Jessica

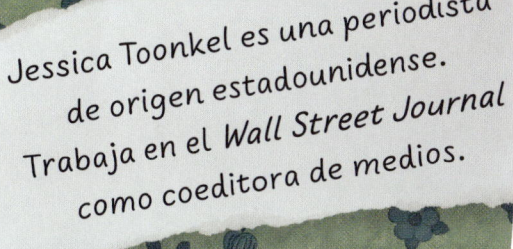

Jessica Toonkel es una periodista de origen estadounidense. Trabaja en el *Wall Street Journal* como coeditora de medios.

Convertirse en Ms. Marvel

Siempre fui una de esas personas que creía que tenía que planear la vida al dedillo y seguir una línea recta del punto A al punto B. Sin embargo, no tardé en descubrir que no tenía idea de cuál era el punto B, así que evidentemente mi vida no podría ser una línea recta. No sabía para qué era buena ni lo que quería ser cuando creciera. Solo sabía que me encantaban las películas y que haría lo que fuera con tal de formar parte de ese mundo, ya fuera frente a las cámaras o detrás de ellas.

Sin embargo, parecía un deseo imposible por varias razones, empezando por el hecho de que vivía en la ciudad de Markham, en Ontario, Canadá, a cientos de kilómetros de Hollywood. Además, no tenía contactos en la industria del cine y, aunque los hubiera tenido, jamás había visto chicas de ascendencia sudasiática como yo en las películas que más me gustaban, así que ¿cómo podría introducirme en aquel territorio desconocido?

Cuando mi tía recibió en 2020 uno de esos viejos mensajes reenviados de WhatsApp con la información del casting de *Ms. Marvel* y me lo hizo llegar, supe que al menos debía intentarlo. En ese momento me parecía obvio que ni siquiera me tomarían en cuenta. No tenía experiencia actoral frente a las cámaras ni un *book* de fotos. Sin embargo, recordé a mi yo de 13 años que estaba obsesionada con los cómics, y supe que me odiaría si dejaba pasar la oportunidad de trabajar en Marvel Studios. Por lo

> Creo que lo que importa en estos tiempos es encontrar una pasión y explorarla, ya sea un *fandom* o una habilidad o un pasatiempo o tu materia favorita en la escuela. Encuéntrala y explórala y enamórate de ella.

tanto, con mi propio teléfono grabé mi audición para el papel de Kamala Khan, la protagonista. ¡Y el resto es historia!

Trabajar en *Ms. Marvel* me cambió la vida y me permitió crecer muchísimo como artista y como mujer joven. De niña me sentía muy desconectada de mi cultura. Aunque mis padres se esforzaban por acercarme a mi lado paquistaní en Canadá, nunca entendí por qué era algo valioso ni tampoco me parecía «genial». Desde siempre me habían fascinado Hollywood y la cultura popular estadounidense, y, en ese mundo, a la gente como yo nunca la representaban de forma positiva. Eso me hacía pensar que debía elegir entre uno y el otro. Sin embargo, al trabajar en Marvel, estuve expuesta a muchísimos artistas musulmanes y sudasiáticos tanto frente a la pantalla como detrás de ella, y todos ellos estaban muy en contacto con su cultura. Eso me inspiró a volver a mis raíces paquistaníes y a vincularme con ellas de verdad, ¡y eso hizo muy felices a mis padres!

No hay duda de que ser la primera en algo trae consigo mucha presión y peso, y eso es sumamente aterrador. Sin embargo, al llevar a la pantalla a la primera superheroína musulmana, nuestro equipo logró cambiar la perspectiva del público y humanizar tanto a la población musulmana como a la sudasiática en los medios populares. Pudimos mostrarle a la gente que sus experiencias son compartidas. Y espero que más jóvenes vean el programa y deseen reconectarse con su cultura.

Sin importar de dónde vengas, Kamala transmite un carisma universal. Es una fanática, igual que nosotros, y por eso queremos que triunfe. Todos nos vemos reflejados en ella, sin importar nuestro color de piel. Y eso es lo que más me gusta. No es un programa sobre una adolescente estadounidense musulmana de origen paquistaní. Es sobre una *nerd* que ama a los Avengers y escribe *fanfics* y, además, resulta que es una adolescente estadounidense musulmana de origen paquistaní. En el programa la vemos crecer y evolucionar y, finalmente, convertirse en una superheroína increíble. Con frecuencia demostramos que sí que hay espacio para que existan y se popularicen historias como esta. Así que, aunque yo sea la primera superheroína musulmana, sin duda espero no ser la última.

Incluso después de esta experiencia, sigo sin creer que la vida sea lineal. No tengo ni idea de qué traerá consigo el futuro. De hecho, ni siquiera sé cómo serán las cosas la próxima semana. No es necesario que lo tengas todo previsto, pues con el tiempo las cosas se irán encarrilando. Creo que lo que importa en estos tiempos es encontrar una pasión y explorarla, ya sea un *fandom* o una habilidad o un pasatiempo o tu materia favorita en la escuela. Encuéntrala y explórala y enamórate de ella. Kamala y yo aprovechamos nuestro amor por los superhéroes para lograr algo más grande que nosotras mismas, y espero que eso le sirva de ejemplo a la siguiente generación de artistas.

Iman Vellani es una actriz canadiense de ascendencia paquistaní que protagonizó el programa televisivo de Disney+ Ms. Marvel.

Mi querida hija Ishanvi:

Hoy te vi observando con expresión furiosa un pictograma en tu libro de matemáticas. Era una encuesta sobre los alimentos que más les gustan a los estudiantes, y tu plato favorito, la *dosa*, fue el que menos votos recibió. Estabas enojada y triste. Me preguntaste por qué las hamburguesas eran más populares, si la *dosa*, esa especie de crepa delgadita y deliciosa, es mucho más sabrosa. Sé que tu lado competitivo no quiere aceptar siquiera que el plato que más te gusta sea el menos votado.

Te voy a decir una cosa, querida Ishanvi: en la vida no siempre se trata de ganar. Tampoco se trata de ser popular ni de que te acepte la gente que te rodea. Se trata de aceptarte a ti misma tal y como eres. De no tenerle miedo nunca a ser diferente. Recuerda que eso es lo que te hace especial y única. Te hace ser quien eres. Y solo hay una como tú en el mundo entero. Por eso, nunca intentes convertirte en otra persona. Está bien que los demás no te entiendan. Tampoco todo el mundo entiende la magia, por ejemplo.

Querida Ishanvi, recuerda no compararte nunca con los demás. Está bien admirar a otras personas y permitir que te inspiren, pues la inspiración es el combustible que nos impulsa. Mira a tu alrededor, déjate inspirar y encuentra tu propósito. Pero no te compares. ¿Acaso podemos comparar el jazmín y la rosa? Hay quien dirá que una flor es mejor que otra, pero ¿cómo sería el mundo si todas las flores fueran rosas? ¿No es más bella la naturaleza por ser diversa?

Los humanos recibimos la bendición de la inteligencia, una capacidad única que nos hace especiales. Gracias a ella, reconocemos, respetamos y celebramos nuestras diferencias. Recuerda que tu inteligencia puede ser distinta a la de otra persona. Algunas cosas que para ti son sencillas, para otra pueden ser difíciles, y viceversa. Nunca menosprecies a alguien por esta razón. Todos tenemos nuestras fortalezas y nuestras debilidades. Refuerza tus fortalezas y reconoce tus debilidades. Prepárate para fracasar a veces. Pero enorgullécete de haberlo intentado. Y, sobre todo, sé amable… contigo misma y con quienes te rodean. Ser amable no requiere un gran esfuerzo y es una poción mágica que hace sonreír el corazón y es capaz de sanar el mundo.

Sé que empecé diciendo que te diría una sola cosa y han acabado siendo varias. Pero ¿qué crees? Soy imperfecta, mi amor, igual que el resto de la gente. Nadie es perfecto, pero es importante que intentemos ser la mejor versión de nosotros mismos, tanto por nosotros como por este mundo tan hermoso en el que creemos.

Mientras lo descubres, estaré a tu lado para lo que necesites.

Con amor,
Maa

Niveditha Shetty Hedge es una ortodoncista de origen indio que en la actualidad vive en Emiratos Árabes Unidos. Su hija Ishanvi y ella comparten bailes indios tradicionales en su canal de YouTube, Laasya.

Respira profundamente

Hola a ti que estás leyendo este libro, reclinada hacia el frente, buscando con la mirada el sentido de las figuras que aparecen aquí ordenadas. ¡Oye! ¡Yo escribí estas palabras! Me llamo Deanna. Soy humana, como tú, y he descubierto que una de mis habilidades humanas es escribir poesía y declamarla. Lo descubrí cuando tenía 17 años. Crecí creyendo que yo tenía una cualidad especial, y jamás he renunciado a esa creencia. Todos y cada uno de nosotros tenemos algo especial. A veces es muy difícil guardar silencio el tiempo suficiente como para oírlo. Y más difícil puede ser acercarse lo suficiente, más allá del barullo del mundo, para escuchar lo que dice.

Por lo tanto, he aquí una herramienta que puede ayudarte. Yo la uso a cada momento. De hecho, ¡tú también! Es la respiración.

La uso antes de las presentaciones, cuando mi pecho es el trampolín de mi corazón. Uso la respiración cuando estoy cansada y el sol es un ascensor descompuesto. La uso cuando la ira hace que el suelo se estremezca, y la uso para escribir cuando las ideas se agarran con timidez a los muros de mi mente.

Si necesitas más argumentos para convencerte, he aquí otras razones por las cuales la respiración es importante:

• Nuestro cuerpo y nuestro cerebro necesitan que el aire entre y salga. Sin duda alguna, es una de las cosas más importantes que debes hacer.

• La respiración influye en la energía y el efecto de tu voz. Cuanto mejor sea la respiración, más fuerte será la voz.

Y mi mantra personal:

• Si no puedes controlar la respiración, no puedes controlar nada. ¿Qué te parece?

Bien, paso uno: Inhala profundamente. Presta atención a lo que hace tu cuerpo. Luego, exhala. ¿Alzaste los hombros? ¿Llenaste de aire el abdomen o el pecho?

Asumiré que alzaste los hombros y llenaste el pecho. En realidad, la forma más eficaz de respirar es a través del diafragma (que básicamente es donde están las costillas inferiores). Cuando inhales, el vientre debe inflarse y tus hombros deben quedarse a la misma altura en la que estaban.

Paso dos: Coloca las manos en el vientre, inhala y, al exhalar, hazlo con fuerza. Debes sentir que el vientre se infla y se desinfla. Desde ahí es desde donde queremos respirar.

Paso tres: Ahora que sabemos desde dónde queremos respirar, inhala inflando el abdomen. Vuelve al paso dos cada vez que necesites sentir que estás respirando desde el vientre.

Paso cuatro: A lo largo del día, o incluso en el transcurso de la siguiente hora, procura tener consciencia de adónde va a parar tu respiración cuando inhalas. Presta atención si dejas de llevar el aire al abdomen, y vuelve entonces a respirar desde el vientre. Usa esta respiración consciente cuando te estés preparando para crear algo.

Última nota personal: Creo que inhalar y exhalar es una forma de conectarnos con el mundo que nos rodea. Nos brinda detalles sobre el momento y el lugar actuales, y nos ancla ahí. También puede ayudarnos a dejar ir y a avanzar. Me gusta imaginar que, cada vez que exhalo, la posición de la Tierra es ligeramente distinta que cuando inhalé. Soltar el aire nos permite dejar que se vaya ese momento y prepararnos para pasar al siguiente con una nueva inhalación.

Con amor,
Deanna x

Deanna Rodger es una poeta, artista y facilitadora que vive en Bristol, Reino Unido. Cuando no escribe, disfruta leyendo las cartas del Tarot, poniéndose mascarillas faciales y bailando en la cocina con sus hijas.

Salvar vidas con una silla

T ener una gran empatía hacia los seres humanos y los animales ha sido mi superpoder desde que tengo uso de razón. A partir de los seis años, pasé muchas horas después de clase acompañando a los residentes de un asilo de ancianos local junto con mi hermano mayor. Era lo más emocionante de la semana. Desde entonces me involucré en el servicio comunitario, y me brindó una alegría inmensa participar en incontables proyectos altruistas en secundaria y bachillerato. No me imaginaba haciendo otra cosa.

En el apogeo de la pandemia de covid-19 tuve muy pocas oportunidades de voluntariado y un montón de tiempo libre. Por eso, empecé a escribir cartas de aliento y tarjetas de simpatía para enviarlas a asilos de ancianos y a hospitales infantiles; sin embargo, sabía que era capaz de hacer mucho más que eso. Empecé a barajar ideas y busqué formas de seguir ayudando a la comunidad desde casa. Debido a la intensa compasión que siento por todos los seres vivos, en esta ocasión elegí enfocarme en la población animal, en especial en los habitantes de refugios de animales rescatados. Muchos de ellos eran discapacitados o habían desarrollado problemas de movilidad al envejecer.

Investigué mucho sobre cómo ayudar a los animales domésticos a recuperar movilidad y descubrí las sillas de ruedas o los carritos para mascotas. Después de varias pruebas y errores, construí mi primer prototipo con materiales que, en su mayoría, conseguí en una ferretería. Era muy pequeño, apenas para un chihuahua o un gato. Contacté entonces con varios rescatadores y les pregunté si alguno de sus animales necesitaba un dispositivo de movilidad gratuito. Luego, creé una cuenta en

Instagram llamada Wheelies, donde la gente podía ver mi trabajo y ponerse en contacto conmigo.

Una animalista de Oregón encontró mi página y decidió apoyar mi causa. Me pidió que construyera una silla de ruedas para su joven gran danés llamado Cypress, el cual tenía las dos patas delanteras deformadas. Al principio dudé un poco, pues hacer una silla de ruedas para un perro tan grande sería difícil. Pero decidí afrontar el desafío.

Con mucho esfuerzo y aliento, logré montar la silla de ruedas de Cypress. ¡Me emocionaba mucho que Cypress probara sus nuevas rueditas! Poco después, hice varias sillas más, y no solo para perros y gatos, sino también para otro tipo de animales, incluyendo un erizo. Decidí donar la mayoría de los aparatos a refugios de animales y a personas mayores que no podían comprárselos a sus adorados compañeros de vida. A raíz de eso, un periódico local hizo un reportaje de mi proyecto. Después de enterarse de mi misión, varios grupos me invitaron a hablar sobre mi causa y a compartir mi lucha con jóvenes y adultos a lo largo y ancho de la región de Mineápolis y St. Paul.

Entre los afortunados beneficiarios de mi proyecto de sillas de ruedas hubo dos cachorros llamados Happy y Scooter que vivían en el refugio Home for Life Sanctuary en Wisconsin. A ellos los rescataron en Oriente Medio y tenían las patas traseras paralizadas. Gracias a las sillas personalizadas que les hice, lograron recuperar la movilidad, y verlos tan activos y juguetones me hizo muy, muy feliz.

Desde entonces, he logrado mejorar los diseños y salvar las vidas de muchos más inocentes al construir y donar dispositivos de movilidad personalizados. Quizá te preguntes qué haré en el futuro. Para empezar, seguiré con esta misión durante mucho tiempo. También seguiré siendo la voz de quienes no pueden ser oídos y defendiendo a quienes son diferentes. Ya te contaré mis nuevas aventuras…

Shaine Kilyun es una animalista adolescente y creadora de sillas de ruedas para mascotas que vive en Minnesota.

Querida niña rebelde:

Yo también soy una rebelde. Pero ¿qué significa serlo? Para explicarte el tipo de rebelde que soy, empezaré por hablarte del tipo de rebelde que no soy.

No soy el tipo de rebelde que ignora a sus padres cuando le piden que lave los platos. Tampoco soy el tipo de rebelde que decide no hacer el trabajo que le piden en la escuela.

No soy el tipo de rebelde que desobedece a sus profesores.

No soy ese tipo de rebelde ni quiero serlo. Soy un tipo de rebelde distinta. Un tipo de rebelde especial. Soy el tipo de rebelde que no solo respeta a sus padres, hace bien sus trabajos escolares y es auténtica, sino que también soy más que eso.

Crecí en un mundo que creía que las niñas no eran tan capaces como los niños. Soy una rebelde que cree en la importancia de la educación y que el conocimiento es mi superpoder.

Crecí en un mundo que no me enseñó todo lo que yo ansiaba saber. Soy una de esas rebeldes que se esfuerza y usa internet para aprender por su cuenta. Viendo videos de YouTube aprendí a bailar *break dance*, a hacer flores con sandías y a crear apps.

Crecí en un mundo en el que las niñas estaban metidas en las redes sociales todo el tiempo. Soy una de esas rebeldes que cree que la tecnología no está hecha para evaluar la vida de la gente y compararla con la propia. En vez de eso, creo que es una herramienta que nos permite tener acceso al conocimiento.

Crecí en un mundo en el que mucha gente no creía en mí ni en lo que quería lograr. Soy el tipo de rebelde que se atreve a creer en sí misma a pesar de lo que otras personas piensen sobre mí y sobre mis capacidades.

Querida rebelde, al igual que yo, naciste en un mundo lleno de muchísimo conocimiento, pero que desconfía en que rebeldes como nosotras tengan acceso a él. Naciste en un mundo que nos enseña qué nos debe gustar, como las princesas y el maquillaje, y qué nos debe avergonzar, como ser buenas en matemáticas.

Querida rebelde, si las expectativas del mundo no encajan contigo, no tienes que cumplirlas. De nosotras depende decidir qué nos gusta y qué nos aburre. No tenemos que escuchar lo que dicen los demás sobre nosotras. Somos de una generación que tiene muchísima información al alcance de la mano. En lo personal, aprendí casi todo lo que sé de cursos gratuitos en línea y de videos de YouTube. Tú también puedes aprender lo que quieras y, así, llegar a ser quien quieras.

¿Sabes qué es lo mejor de ser una rebelde? La fe. Lo que más importa es que tengas fe en ti misma, sin importar lo que piensen los demás. Quizá el mundo no crea que puedas lograrlo. Pero te lo digo yo, que soy igual que tú: claro que puedes.

Ser una niña rebelde implica usar la tecnología como un superpoder para aprender sobre cualquier cosa que te parezca interesante. Ser una niña rebelde implica demostrarte a ti misma que puedes ser quien quieras ser. Así que ven conmigo, sé rebelde, aprende, descubre y atrévete a tener fe en ti misma, así como yo tengo fe en ti. Bienvenida a la familia de las niñas rebeldes que se atreven a todo.

Con amor,
Miriam

Miriam Haart es una ingeniera, innovadora y oradora estadounidense que creció en una comunidad judía ultraortodoxa. Es protagonista del reality show *Una vida nada ortodoxa* y anfitriona del pódcast *Faking It*.

Sigue pedaleando

La gente se convertía en árboles, y los árboles en gente. Percibía objetos y animales que se abalanzaban sobre mí, pero, cuando me daba la vuelta, no había nada. Las alucinaciones son un efecto secundario común de la falta de sueño. Pasaba los días y las noches pedaleando, comiendo y echándome siestas ocasionales. Me faltaban 800 km de la prueba Trans Am Bike Race, una carrera de 6.850 km desde Astoria, Oregón, a Yorktown, Virginia. La meta estaba cerca, pero la sentía muy lejana aún.

Sigue pedaleando. No te detengas. Me repetía ese mantra cuando se me hacía pesado. Seguí pedaleando a pesar de haberme lesionado en un accidente que tuve el segundo día de la carrera. Seguí pedaleando a pesar de que se rompió el sillín de mi bici, lo que supuso una mayor carga para las rodillas y los tobillos.

Sin embargo, hubo ocasiones en las que físicamente no pude seguir pedaleando. Por ejemplo, en las montañas de Kentucky, la cadena de la bicicleta se reventó. Me quedé ahí varios minutos, con la mente a mil por hora, sin saber bien qué hacer. Que yo supiera, no había ciudades ni talleres de reparación de bicicletas en los siguientes 500 km. ¿Así terminaría, a menos de 1.600 km de la meta, tras haber superado tormentas de nieve, un calor excesivo, montañas y ventiscas? ¿Terminaría por una cadena rota? Me negaba a aceptarlo. Debía seguir adelante de algún modo.

De pronto se acercó un vehículo, así que le hice señas. El conductor era un tipo bastante fornido.

—Eh, hola —dije—. Perdón, señor. Necesito ayuda. Se me rompió la cadena de la bicicleta. ¿Sabe si hay un taller de bicis o un mecánico por aquí?

El tipo se me quedó mirando como si yo fuera un extraterrestre, y luego soltó una carcajada.

—¿No ves estas montañas? ¡Aquí nadie se desplaza en bici! —contestó. Supongo que me vio desolada, pues entonces su expresión se volvió más compasiva—. Mira, mi tío tiene un taller más adelante. Si él no logra repararla, nadie podrá hacerlo. Te llevaré.

—¿En serio? ¡Sería increíble! ¡Podría terminar la carrera!

Minutos después, llegamos a la entrada de un garaje.

A falta de la pieza adecuada para reconectar los eslabones, serrucharon un tornillito para que quedara a la medida y lo metieron por la fuerza. Y esa reparación improvisada me llevaría hasta la meta.

Sin embargo, a pesar de que solo me faltaban 800 km para llegar a la meta, la sierra montañosa no parecía tener fin. *Sigue pedaleando*. Cuando empezó a amanecer, el paisaje se volvió más visible. Sonreí, inhalé el fresco aire matutino y di gracias. Cuando me sentía demasiado cansada como para seguir pedaleando, meditaba sobre la belleza del lugar en el que estaba y sobre lo afortunada que era de pasar por ahí en mi bici.

Cuando solo me faltaban poco más de 300 km, quise terminar la carrera esa noche. Al día siguiente tenía un vuelo programado. Tener una fecha límite me ayudaba a no perder demasiado el tiempo. También había llegado más lejos y más rápido de lo que había imaginado, pues estaba entre los cinco primeros ciclistas.

Nadie me había prestado mucha atención; sin embargo, cuando empecé a rebasar a los hombres, la gente empezó a aplaudirme. Todas las mujeres empezaron a animarme. En casi todos los pueblos por los que pasé había gente esperando junto a la carretera, gritándome o sosteniendo carteles que decían «¡Vamos, Juliana!».

Luego empezaron las acusaciones. Al parecer, las mujeres no debían ser capaces de ir más rápido que los hombres. Además, llevaba menos de tres años en el mundo del ciclismo. Así pues, la conclusión era que debía estar haciendo trampas. Escuché de todo, desde que había tomado atajos hasta que iba a rueda (que es ir detrás de otro ciclista para que este te corte el viento). Al principio, los insultos me noquearon, y me sentía desmoralizada. Luego me enfadé. No estaba ahí para competir contra los hombres, ni para herir egos ajenos. Estaba ahí para pedalear con fuerza y superar mis límites personales.

A poco más de 60 km de la meta, empecé a pedalear con una sola pierna, pues se me había pellizcado un nervio. Sin embargo, el dolor me mantenía despierta.

A 16 km de la meta, pensaba: *el dolor es temporal. Sigue pedaleando.* Había alcanzado el punto en el que mi mente era la única que lograba que mi cuerpo se siguiera moviendo. Lo único que tenía en la mira era la meta.

Cuando al fin la crucé, un grupo de amigos y familiares me rodearon. Había ganado la categoría femenina y había llegado en el cuarto lugar global. También superé una meta personal, pues recorrí los últimos 800 km sin parar en 34 horas. Los cinco primeros nos sentamos juntos y disfrutamos de la sensación de triunfo que solo se experimenta al final de una dificultad inmensa.

Cualquiera puede avanzar cuando el camino es plano. Sin embargo, lo que haces cuando el camino se pone complicado es lo que finalmente demuestra de qué estás hecha.

Juliana Buhring es ultraciclista y escritora. En 2012 se convirtió en la primera mujer (y la más veloz) en dar la vuelta al mundo en bicicleta, con lo cual estableció un récord Guinness.

Querida rebelde:

Trabajo en Hollywood desde hace muchos años. Empecé siendo actriz, pero a lo largo de los años me he puesto muchos otros sombreros: directora, productora, guionista, etc. Ahora tengo un *talk show* en el que hablo con gente del mundo entero que hace toda clase de cosas increíbles. En un día cualquiera, puedo entrevistar a una estrella de cine, una activista, una escritora u otra persona que está teniendo un impacto positivo en el mundo. Es fascinante y aprendo muchísimo de esas conversaciones.

Mi trabajo también implica mudarme con frecuencia. Cuando estrenamos el programa en 2020, se transmitía en vivo, lo cual sabía que sería un desafío para mí porque siempre he tenido problemas para gestionar mis tiempos. Así como tú necesitas dedicarle suficiente tiempo a la escuela o enfocarte en tus tareas escolares, yo necesito asegurarme de estar lista cuando empezamos a grabar. Y no sé si lo será para ti, pero para mí puede ser bastante difícil. Al principio, sentía que siempre iba con prisas, sobre todo cuando transmitíamos en directo, pues cualquier retraso, por pequeño que fuera, podía tener grandes consecuencias. Requería mucho esfuerzo, pero le tomé la medida, desde que llegaba al set hasta la forma en que gestionaba las reuniones matutinas y pasaba de una entrevista a otra.

Aun así, las cosas no siempre salen a la perfección. A veces algunos segmentos se alargan, o siento que no me concentro o no he podido descansar ni un minuto y me siento agotada. Cuando eso ocurre, lo primero que suelo hacer es comer algo. Después, suelo hablar con alguna de las increíbles personas con las que trabajo. Puesto que empezamos este programa en plena pandemia, estamos muy unidos y nos apoyamos los unos a los otros. Siempre promovemos la autenticidad, y además nos reímos mucho.

Es un entorno laboral muy positivo, así que siempre me siento mejor cuando me sincero con este maravilloso grupo de personas.

Cuando termina el día, tengo la suerte de volver a casa a estar con mis hijas. Nos sentamos juntas a leer un libro (quizá incluso un libro como este) y aprendemos sobre gente real que ha logrado cosas extraordinarias. El caos y la acción constante pueden ser increíbles, y me han brindado toda clase de experiencias, tanto frente a las cámaras como detrás de ellas. Sin embargo, esta es mi parte favorita del día, la parte tranquila, cuando ya no hay más actividades y simplemente podemos estar juntas, en familia.

Conforme crecemos (y quizá ya te haya pasado), es posible que nos pidan que hagamos más cosas de las que podemos con el tiempo y la energía que tenemos. Quizá accedas a hacer varias de ellas, si no todas, pues podrían incluso ser oportunidades increíbles. Sin embargo, a veces es demasiado. Y todos tenemos definiciones distintas de lo que es «demasiado». Puede ser difícil encontrar el equilibrio. Para mí, todavía lo es a veces. Pero está bien dedicar tiempo a cargar pilas.

Disfruta de la emoción de las nuevas experiencias, pero valora también los momentos de calma, pues necesitamos ambos para crecer.

Besos,
Drew

Drew Barrymore es una actriz, directora, productora y presentadora de un *talk show* de origen estadounidense.

Hola, hermosa:

¡Sí, te hablo a ti! A la chica de piel oscura, sonrisa radiante y ojos que emiten un brillo de esperanza. Me gusta mucho verte y me hace muy feliz que estés aquí.

Alza la cara. Está bien. Alza la cara y límpiate las lágrimas. Arréglate las gafas, abre los ojos y escúchame. Está bien. Está bien ser quien eres. No tienes que hacerte pequeña para encajar. No tienes que hacerte pequeña para que te acepten. No tienes que cambiar la persona que eres. Eres valiosa y tienes un lugar. Perteneces aquí.

Vives en un mundo en el que la información es bastante escasa, pero las cosas mejorarán. Los poderes fácticos solo te han permitido ver una versión de ti misma. Una versión de lo que es ser niña. Una versión de lo que es ser negra. Una versión de la persona que se supone que debes ser, de cómo se supone que debes vestir, de lo que se supone que debes comer. De cómo se supone que debes verte para que te acepten y te consideren hermosa. De cómo se supone que debes pensar. De la música que se supone que debes escuchar. Es demasiado. Lo sé y lo

entiendo. Es mucha la presión para encajar, para sentirte incluida. Pero, querida mía, no tienes por qué encajar. ¿Acaso no ves el espíritu feroz que llevas dentro, ese que la cultura y la sociedad han intentado «gestionar» y «entrenar»? ¡Presume de ello con orgullo, con confianza y en voz alta!

Tienes muy clara la diferencia entre lo que está bien y lo que está mal. No permitas que la sociedad cuestione el don que has recibido. Aprovéchalo cuando la vida se vuelva confusa y la normalización de la opresión te haga cuestionarte aquello que siempre has creído que era cierto.

Sigue cuestionando el *statu quo*. Sí, de pequeña te enseñaron a no cuestionar, a apegarte a las tradiciones y la cultura… pero, si no cuestionamos y mejoramos la cultura, no logrará cuidar a las personas más vulnerables y estará destinada al fracaso. En medio del caos, escucha a tu madre y perdónala, pues, gracias a su propia lucha, te ha dado voz y un lugar más seguro en el cual puedes hablar. No desperdicies esa oportunidad.

El trauma histórico ha cambiado nuestro ADN. Desearía poder abrazarte y decirte que eres inmune a ello. Desearía poder protegerte de la opresión que implica el que hayas estado en desventaja desde el día en que naciste. Pero no puedo.

Lo que sí sé es que tienes dones. Debes alimentar y atesorar esos dones, y no permitir jamás que el tiempo o las circunstancias acaben con la persona que eres ni con quien sabes que eres.

¡Eres hija de la Tierra! ¡Eres audaz y valiente, pues el espíritu de Yaa Asantewaa, la reina guerrera, corre por tus venas!

La perfección está sobrevalorada. No lo olvides. Lo que tenemos dentro es más importante que lo que está fuera.

¡Créetelo con convicción, incluso si no lo sientes! ¡Eres valiente!

Has tenido que serlo. No sé si es algo innato o el resultado de las cartas que te han tocado, pero has tenido que levantarte y defenderte, y defender a otros. ¡Sigue haciéndolo!

Eres sincera.

Tus intenciones son genuinas y puras. Refínalas, aprovéchalas y confía en que tu luz brillará incluso si te fallan las palabras.

Eres empática.

Sientes cualquier injusticia hasta en la médula, de forma aguda, como si la estuvieran ejerciendo en tu contra. Ese don es una

ERES VALIENTE,

Has recibido dones. Debes alimentar y atesorar esos dones, y no permitir jamás que el tiempo o las circunstancias acaben con la persona que eres ni con quien sabes que eres.

bendición y una maldición al mismo tiempo. Aprende a ser consciente de ello, pero no permitas que te consuma la rabia que te inspirarán las incontables injusticias de las que serás testigo. Eres mejor que eso.

Nunca dejes de alzar la voz.

Hazlo por las niñas negras a las que les dicen que son demasiado escandalosas.

Por las niñas negras que reciben críticas por su cabello.

Por las niñas negras que no tienen control sobre su vida o su futuro, y que no pueden defenderse solas.

Por las niñas negras a las que de inmediato las ven como agresoras.

Por las niñas negras a las que malinterpretan en espacios exclusivamente caucásicos.

¡Sigue haciéndolo!

Con amor,
Phil

Philomena Kwao es una modelo, escritora y filántropa que vive en Londres, Reino Unido.

Mamá:

Cuando te miro, aún alcanzo a ver a la niñita que se quedó sola, en manos de desconocidos. El abuelo y la abuela murieron muy jóvenes y te dejaron a tu suerte. Escucho con atención las historias que nos cuentas sobre tu infancia, sobre cómo la naturaleza misma te lo enseñó todo con respecto a la vida. Al ver que las orugas se volvían hermosas mariposas, creíste que las personas evolucionamos al morir. Al observar a las hormigas, aprendiste que la vida sigue un orden. Aprendiste que hay mucho que comer si lo buscas en el bosque. Recuerdo que me contaste las incontables ocasiones en las que no tenías nada que comer y te adentraste en el bosque para encontrar frutas que saciaran tu hambre.

Cuando mis hermanos y yo éramos niños, sacrificaste mucho para darnos un hogar y poner comida en la mesa. Nunca tenías tiempo para ti porque necesitabas tener dos o hasta tres empleos para mantenernos. Recuerdo que volvías a casa después de un turno, dormías apenas un par de horas y te ibas al siguiente trabajo.

A pesar de todas tus responsabilidades, siempre dedicaste tiempo a escucharnos y darnos consejos. En vez de decirnos qué hacer y qué no, fomentabas que tomáramos nuestras propias decisiones y nos hiciéramos responsables de las consecuencias de nuestros actos.

Nos hacías preguntas como «¿Qué crees que deberías hacer?» o «¿Por qué crees que hacerlo así es lo correcto?». Jamás nos dijiste cosas como «¡No puedes hacer eso!». Solo nos hacías preguntas que nos obligaban a reflexionar por qué algo estaba bien o mal.

Eres una mujer por mérito propio. En vez de amargarte por las dificultades que enfrentaste, te volviste resiliente y compasiva. Y quisiste que aprendiera de tus experiencias y te escuchara.

Fui como cualquier otra niña, a veces soberbia y a veces insegura de mis capacidades. Cuando tenía siete años, vi el alunizaje en la televisión. Mientras veía a los astronautas dar esos primeros pasos, supe que quería hacer lo mismo.

Después de eso, siempre me alentaste y me recordaste lo mucho que quería ir a la Luna. Nunca me dijiste que sería imposible. Simplemente dejaste claras las expectativas: si quería ir a la Luna, debía ser aplicada y no darme por vencida.

¡Y te hice caso! O al menos procuré hacerlo la mayor parte del tiempo. Te hice caso no solo porque eras mi madre, sino también porque eras mi mejor amiga. Con tus acciones, me enseñaste a no darme nunca por vencida. Me enseñaste que no importaba de dónde viniera ni quién fuera: podía ser lo que me propusiera. Quizá mi sueño de ir a la Luna nunca se materializó; sin embargo, dado que te hice caso, aterricé entre las estrellas.

Gracias por todos tus sacrificios.

—Sandra

Sandra Cauffman trabaja para la NASA desde 1991. En la actualidad es subdirectora de la división de astrofísica, perteneciente al Consejo Directivo de la misión científica, en las oficinas centrales de la NASA.

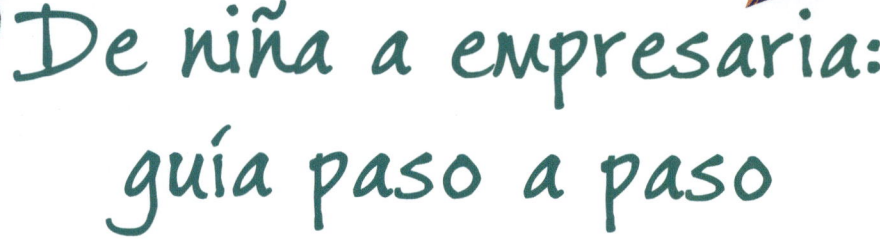

De niña a empresaria: guía paso a paso

Cuando tenía nueve años, no imaginaba que mi maquinita expendedora me convertiría en dueña de una pequeña empresa, en universitaria y posteriormente en CEO de una empresa multimillonaria.

Tuve la suerte de crecer con unos padres que quisieron infundirme cierto sentido del emprendimiento. Querían enseñarme a trabajar por mi cuenta y a ser mi propia jefa, así que mi padre llevó a casa una pequeña máquina expendedora que le compró a un amigo. Era de esas maquinitas en las que metías una moneda y obtenías un puñado de dulces. La puso frente a mí y me preguntó: «¿Quieres iniciar tu propio negocio?».

Cuando me gradué del bachillerato, ya era dueña de 15 maquinitas expendedoras cuyas ganancias me ayudaron a pagar la universidad. No te imaginas la cantidad de habilidades que aprendí al iniciar y hacer crecer mi propio negocio. Es algo que me inculcó responsabilidad (y que se ve increíble en cualquier solicitud laboral).

Tener esa experiencia fue crucial al arrancar Her First $100K, una empresa que les da recursos a las mujeres para que puedan sacar más rendimiento a su dinero. Eso me infundió la confianza de saber que puedo lograr cosas extraordinarias, y eso es precisamente lo que quiero enseñarles a otras jóvenes.

Veinte años después de esa experiencia, mi libro es considerado un éxito de ventas por el *New York Times*, soy presentadora de un importante pódcast de negocios, tengo más de tres millones de seguidores en redes sociales y llevo una vida que adoro. Si tuviera que limitarme a cinco consejos, diría que esto es lo que necesitas para ser dueña de tu propio negocio (¡no importa si eres una niña!).

1. Explora tus intereses.

No existe un exceso de intereses. No se puede sentir demasiada curiosidad por el mundo o por la gente. El amor por los deportes no implica que no puedas dedicarte a la música, y ser un genio matemático no implica que no puedas escribir una gran novela algún día. Lo importante es desarrollar tus aficiones, leer, practicar deporte, ver películas y escuchar pódcasts sobre aquello que te interesa. Nunca dejes de aprender, pues así es como descifrarás qué se te da bien y qué te encanta hacer.

2. Descubre tu pasión.

¿Qué te inspira? La vida es mucho más sencilla si tu pasión está alineada con tu trabajo. En mi caso, me apasiona ayudar a las mujeres a confiar en sí mismas a través de la educación financiera. Mi empresa de educación sobre finanzas personales busca acabar con el patriarcado al enriquecer a las mujeres. Esa es mi pasión. Ahora es el momento de que encuentres la tuya. Alguna vez oí a alguien decir: «Observa el mundo y descifra lo que crees que le hace falta. Esa es tu pasión».

3. Sueña en grande.

No hay sueños demasiado grandes ni demasiado pequeños. ¿Tienes una idea para una app? ¿Quieres desarrollar una línea de camisetas personalizadas? Ambas son grandes ideas. No permitas que nadie ponga límites a tus metas. De verdad, puedes hacer lo que te propongas. Yo creé un negocio de maquinitas expendedoras, fui a la universidad, obtuve un empleo y luego renuncié a él para arrancar otro negocio. A diario cumplo mis sueños, ¡y tú también puedes hacerlo!

4. Investiga a otros emprendedores.

Lo que sigue es investigar. Te sugiero que empieces buscando información sobre otros emprendedores (¡en especial mujeres!) para saber cómo iniciaron sus negocios. Eso te ayudará a aprender qué se necesita para iniciar una empresa, pero además es inspirador leer las historias de mujeres exitosas. Muchas mujeres han escrito sus propias biografías, además de que también hay un montón de artículos con consejos sobre cómo montar un negocio.

5. Crea un plan (flexible).

Una vez que hayas explorado tus intereses y pasiones, es hora de crear un plan de negocio. Escribe un resumen de tu negocio, describe tu empresa e investiga negocios similares que existan en la actualidad. Haz también una lista de productos y servicios que tu empresa proveerá. Describe a tu cliente ideal y cómo le venderás dichos productos y servicios. Por último, haz un plan enfocado en cómo operará tu empresa. No te preocupes si al principio parece confuso. En realidad, ¡es muy sencillo! Anota todas las ideas que se te ocurran para crear un plan de negocio flexible. No tiene que ser algo superprofesional ni sofisticado. Limítate a describir en qué consistirá el negocio, a quién irá dirigido y cómo funcionará.

Ahora estás un paso más cerca de iniciar un negocio. Una vez que tengas un plan, puedes enfocarte en hacerlo realidad. No tiene que ser de golpe. Puedes hacerlo poco a poco o usarlo como inspiración para elegir la carrera que estudiarás en la universidad. Lo importante es que sepas que eres capaz de alcanzar todas tus metas.

Tori Dunlap es una especialista vocacional y financiera de talla internacional, así como presentadora de un pódcast y autora de un éxito de ventas del *New York Times*. Tras ahorrar 100.000 dólares a los 25 años, Tori renunció a su empleo y fundó Her First $100K. Desde entonces ha ayudado a más de tres millones de mujeres a negociar salarios, pagar sus deudas, ahorrar e invertir.

Fiel a ti misma

Mis primeros recuerdos consisten en estar rodeada de música. Recuerdo que mi hermano mayor me enseñaba a tocar la guitarra, mientras el segundo tocaba el teclado y mi hermana tocaba el piano. Recuerdo el olor del piano cuando recién llegó a casa: olía a madera y marfil. Las teclas blancas y negras me llamaban la atención y, desde el punto de vista de una niña de seis años, hacían muchos ruidos chistosos. Luego, pasé del piano a la guitarra con relativa facilidad. Tomaba clases semanales y aprendía piezas que eran cada vez más desafiantes. Sin mucho preámbulo, la labor de crear música se incorporó a mi vida.

Asistir a clases de música conllevaba dos hechos anuales importantes: el examen anual y el concierto de fin de año. Me ponían nerviosa, pero eran emocionantes.

No sé bien por qué, pero la guitarra fue ganando terreno en mi vida, así que empecé a pasar más tiempo con ella que con el piano. Fue más o menos en esa época cuando recibí la noticia de que al poco tiempo tendría lugar una prueba nacional de guitarristas.

—¿Lo intentamos? —preguntaron mis maestros.

—¡Claro que sí! —contesté. *¡Qué divertido!*, pensé. *¡Un concurso de guitarristas!* Se convirtió en una nueva fuente de motivación. Y, conforme mi pasión se iba fortaleciendo, más tiempo le dedicaba a ensayar.

Es fascinante ver cómo la disciplina de realizar una tarea a diario, de intentar adquirir destreza en algo, nos hace descubrir nuevas facetas de nosotras mismas. Ya no eran minutos de práctica; pasaba horas inmersa en la fascinación que me generaban las infinitas posibilidades que la música me regalaba.

El premio: ¡una guitarra! Empaté con mi amigo Renato; por fortuna, como él ya tenía una buena guitarra, no necesitaba otra. Así pues, no dudó en cederme su parte del premio. Gracias a eso tuve una compañera,

una guitarra que ahora está expuesta en el Museo de Instrumentos Musicales de Arizona. Para alguien de Paraguay, podría decirse que había llegado muy lejos.

Participar en esa prueba me hizo descubrir la que después sería mi profesión. La música me brindaría la oportunidad de ver el mundo con mis propios ojos y viajar a más de 50 países. Ese detonante, que para mí fue el concurso, puede aparecer en nuestra vida en el momento menos esperado. Habrá algo que te llame la atención, algo que podrías pasar horas haciendo sin que sientas que estás trabajando. Lo importante es que hagas la prueba y sientas lo que te genera. Conserva esa sensación, saboréala y vuelve al lugar sagrado que es tu pasión tantas veces como sea posible.

El camino que estás construyendo no es nada sencillo. Recuerdo que alguna vez me dijeron que la guitarra era un instrumento de hombres. Además, casi no me animaron a convertirme en guitarrista profesional. Hubo una época en la que era inusual que las mujeres vivieran de la música. En esta y otras profesiones, el acceso que tenían las mujeres no solo era limitado, sino que también se cuestionaba. Por suerte, las pioneras de este arte ya estaban abriéndonos camino a las demás.

Mientras estudiaba guitarra, mi familia fomentaba mi interés musical y celebraba mis logros. Desde el punto de vista social, era aceptable que una chica de clase media estudiara un instrumento musical. Sin embargo, todo cambió cuando les dije a mis padres que me dedicaría a la guitarra a tiempo completo. No recibieron bien la noticia.

Es en casos así cuando resulta muy útil ser una niña rebelde. Cuando tomas una decisión con absoluta convicción, se te abren las puertas y se crea un efecto dominó; pieza tras pieza de la delicada trama de la vida se acomoda para permitirte escribir tu propia historia. No te garantizo que así serán las cosas en tu caso. Solo puedo compartirte que así lo fueron en el mío. El mayor gesto de rebeldía fue hacerme caso a mí misma.

Poco después me mudé a Montevideo, la capital de Uruguay, para estudiar música a nivel universitario. Quizá fue el segundo paso

No te garantizo que así serán las cosas en tu caso. Solo puedo compartirte que así lo fueron en el mío. El mayor gesto de rebeldía fue hacerme caso a mí misma.

más difícil que tuve que dar, después de decidir estudiar música. En ese entonces tenía 20 años y me marcharía de casa por primera vez. Pero la música me esperaba, y la única certidumbre que tenía era la alegría de tocar la guitarra a diario.

Han pasado 36 años desde que viajé a Montevideo con la guitarra al hombro y una sola maleta. Desde entonces he llevado otra mochila, pero esa va llena de anécdotas, discos grabados, salas de concierto visitadas, entrevistas, premios, portadas de revistas y, sobre todo, emociones. El viaje ha estado lleno de esfuerzo, disciplina y unas cuantas decepciones. Las luces y las sombras de la vida son oportunidades para aprender, y debemos apreciarlas.

Al volver la vista atrás, hacia esos años entre el primer concurso a los 15 años y cuando me fui a Uruguay a estudiar a los 20, no han cambiado muchas cosas. Aún me veo reflejada en esa jovencita llena de sueños. En esos cinco años se trazaría el camino que seguiría mi vida.

En 2022 gané mi primer Grammy Latino, el primero para Paraguay. Estoy muy feliz de haberlo logrado, la pasión es el motor que me impulsa a seguir soñando y a seguir construyendo nuevas realidades.

Dicho eso, quiero dejarte con los recuerdos de la satisfacción de haber sido fiel a mí misma, a pesar de que no había garantía de que el camino elegido me traería felicidad.

Siempre vale la pena perseguir tu sueño.

Sé fiel a ti misma y disfruta de la travesía!

Berta Rojas es una guitarrista clásica de origen paraguayo que ha ganado dos Grammys Latinos.

Queridísima rebelde:

Me llamo Andini. Soy inventora, escritora, oradora y aspirante a cineasta. Me interesan tanto las ciencias como las artes, así que podría decirse que soy una rebelde renacentista. Ese es el término que usamos para referirnos a alguien que alimenta todos sus distintos intereses y talentos en una amplia gama de áreas. ¡Quizá tú también seas una rebelde renacentista! Tal vez leíste mi historia en el primer libro de la serie, en el cual se cuenta mi travesía como inventora cuando creé una lámpara que funciona con el calor de la mano. También inventé una taza de café que aprovecha el calor excesivo de la bebida y diseñé una línea de juguetes infantiles que funcionan con energía renovable (y que espero que algún día sean una realidad).

Aunque siempre me ha interesado experimentar e inventar, también acabo de terminar la carrera de Literatura Inglesa con especialidad en estudios cinematográficos. Crecí viendo películas mudas con actores como Mary Pickford y Charlie Chaplin, y siempre he querido hacer mis propias películas.

Mi misión es inspirar a otras chicas para que sientan que pueden lograr cualquier cosa. Cuando crecen, muchos adultos abandonan los intereses que tenían a tu edad, pues creen que eran pasatiempos tontos y nada más. En lo personal, creo que nunca debemos renunciar a nuestros distintos intereses. Desarrollarlos cuando aún somos jóvenes podría traducirse en combinaciones e invenciones únicas cuando seamos mayores.

Cuando tenía tu edad, no había tantos libros sobre mujeres rebeldes e inspiradoras, así que descubrí a muchas de mis modelos a seguir en la enorme colección de libros de mis padres. En el ámbito de las ciencias, no había muchas modelos a seguir que se parecieran a mí (una joven mitad filipina y mitad polaca), de modo que solo aprendí sobre muchos científicos que eran hombres blancos y mayores. Sin embargo, la mujer de ciencia que me causó fascinación fue Marie Curie, una química y física polaco-francesa que fue también la primera mujer en ganar el Premio Nobel. Encontré otros modelos en el campo de las artes, como la actriz asiático-estadounidense de los años veinte Anna May Wong, la bailarina y cantante de samba brasileña Carmen Miranda, y la famosa pareja de baile de Fred Astaire, Ginger Rogers, quien bailaba la misma coreografía que él, salvo que lo hacía a la inversa y con tacones.

Esos íconos históricos se convirtieron en mis modelos porque me inspiraba su ética laboral y su dedicación. Persiguieron sus pasiones y trabajaron a diario en aquello que amaban. Al principio, para mí también era muy importante enfocarme en mis propias pasiones y habilidades incipientes a diario, aunque fuera apenas 20 minutos al día. Y te invito a que hagas lo mismo. Vivimos en un mundo en el que es fácil distraerse, así que tener el don de concederle toda tu atención a algo (o a alguien) es inusual, pero importante.

Aunque no lo parezca en un principio, buena parte de tu aprendizaje durante tu juventud ocurrirá fuera de las aulas. Por lo tanto, aquello a lo que dediques tu tiempo después de clase será igual de importante. Una vez que llegues a casa, procura tener un rinconcito o escritorio dedicado a tus proyectos creativos. Naciste con dos grandes superpoderes: la creatividad y la imaginación. Y tu cerebro tiene la capacidad de idear una cantidad infinita

de personajes, invenciones, historias, tierras, experimentos...
¡todo! Muchos adultos no saben cómo crecer sin dejar de lado su creatividad e imaginación (aunque no es su culpa). Sin embargo, es tu responsabilidad cuidar tu creatividad y alimentar tu imaginación a diario. Permite que tu cerebro absorba todo lo que pueda, intenta cosas nuevas que te den miedo o vergüenza. Mis padres me hicieron participar en las pruebas de selección de todos los equipos deportivos, a pesar de que no era una niña atlética. Sin embargo, eso me enseñó a sentirme cómoda con la incomodidad, lo cual también es una habilidad muy valiosa.

Ser inventora requiere mucha imaginación y creatividad, pero también mucha empatía. Necesitas ser capaz de observar las circunstancias ajenas (quizá incluso las de personas con las que no te identificas en términos de vida ni de experiencias) y entender por qué necesitan ayuda y qué tipo de solución puedes proponerles. Ser inventora te convierte en resolutora de problemas a tiempo completo, y sin duda necesitamos más inventoras que nunca para enfrentar la crisis climática.

Incluso si solo empiezas inventando algo que ayude a alguien en tu comunidad, es muy probable que haya cientos, si no miles o millones de personas en el mundo entero que se están enfrentando a ese mismo problema. No hay ideas insignificantes cuando se trata de ayudar a alguien y generar un gran impacto.

¡Mucha suerte en tu travesía como inventora! Al ser genuina y auténtica, ya estás siendo rebelde.

—Andini

Andini Makosinski es una inventora, autora y oradora canadiense, de ascendencia polaco-filipina.

Querida niña hermosa y poderosa:

Cuando era pequeña, me encantaba bailar y cantar en mi habitación; sin embargo, tan pronto entraba en un lugar lleno de gente, la boca se me cerraba con pegamento. Me negaba a hablar y bajaba la cabeza. Mi madre siempre me regañaba y decía que debía alzar la voz. Pero nunca lo hice.

Mi piel oscura era un tema del que la gente disfrutaba hablar. Mis familiares comentaban que debía ser genial tener mi tono de piel y que deseaban poder broncearse como yo. Eso solo me hacía sentir más cohibida con mi apariencia. De mis amigas, era la que tenía la piel más oscura, lo cual siempre me hizo sentir un poco avergonzada. Cuando la mayoría empezó a maquillarse, yo ya llevaba tiempo usando blanqueadores para intentar aclarar mi piel naturalmente oscura.

No me gustaban muchas cosas de mí misma. Siempre lograba encontrarme algún defecto y destruirme poco a poco a base de críticas. Lo que no sabía era que, en algún punto de la vida, todos pasamos por algo así: sentimos que no somos lo suficientemente buenos y que no encajamos. En mi caso, no logré sentirme cómoda con mi propia piel hasta que empecé a hacer introspecciones profundas.

Dado que era una niña mitad filipina y mitad hmong, no era fácil encontrar gente que se

Alysa (a la derecha) y su prima

pareciera a mí ni con la cual me pudiera sentir identificada. A veces cuestionaba mi identidad y no sabía bien quién era. Más tarde, al investigar mi cultura, empecé a apreciar más las identidades que convergían en mí. En secundaria, hice una investigación sobre Corazón Aquino, la primera presidenta de Filipinas. Aquino se enorgullecía de ser filipina y no se avergonzaba de su apariencia. Su orgullo filipino y su determinación me inspiraron.

En Laos, Estados Unidos reclutó a miembros de mi familia para luchar en la «Guerra Secreta». Mis abuelos se vieron obligados a huir del país, así que cruzaron el río Mekong para encontrar refugio, y luego se enfrentaron a años de alienación en Estados Unidos. No obstante, se aferraron a sus identidades y jamás olvidaron quiénes eran. Mi historia cultural y las experiencias de mi familia me brindaron una perspectiva distinta. Ya no era simplemente una tímida niña de piel oscura. Era una chica de ascendencia filipina y hmong que provenía de un contexto resiliente y tenía el poder de generar un impacto positivo.

Conforme fui creciendo, fui confiando más en mis capacidades y desarrollé la valentía para expresarme tal y como quería hacerlo.

Descubrí que me atraían naturalmente los roles de liderazgo y que la gente genuinamente recurría a mí en busca de orientación. Aunque mi confianza no es absoluta el 100 % del tiempo, sé que soy capaz de lograr cualquier cosa.

Es intimidante pensar en las distintas responsabilidades y presiones que la gente nos impone. Siempre habrá quien nos juzgue u opine sobre nosotras. Sin embargo, es importante que nos prioricemos.

Al final, solo tú sabes quién eres y de qué eres capaz. Incluso si no lo tienes todo completamente descifrado aún, no pasa nada, porque te valoras a ti misma. Es más fácil hablar de confiar en ti misma que hacerlo en realidad. Sin

Alysa y su familia

embargo, con el tiempo, las cosas van cambiando, y tú también podrías cambiar. Lo único que no tienes que olvidar es que eres una persona valiosa con el poder y la fuerza para lograr cualquier cosa que te propongas. Aunque no lo sepas aún, esperaré que descubras tu verdadero potencial y te des cuenta de lo asombrosa que eres.

Con mucho amor,
Alysa Monteagudo

Alysa Monteagudo es fundadora de «so she CAN», una organización que amplifica las voces de mujeres y niñas de grupos minoritarios.

Querida rebelde:

Cuando tenía tu edad, me encantaba dibujar. Hacía garabatos sobre los trabajos escolares. Hacía garabatos en los cuadernos. Dicen mis padres que, cuando era muy pequeña, también hacía garabatos en las paredes. Cuando llegó el momento de elegir carrera, encontré una que me permitía vivir de hacer garabatos. ¡Y esa carrera es la animación!

Me esmeré con mi portafolio y me emocionó que me aceptaran en el California Institute of Arts. Sin embargo, el primer día de clase me di cuenta de que, aunque era una de las mejores artistas en el bachillerato, ahí estaría rodeada de extraordinarios artistas del mundo entero. Yo aspiraba a ser una gran artista algún día. ¡Era mi sueño! Sin embargo, aprendí que solo hay una forma de lograrlo: ¡haciendo incontables pésimos dibujos!

Nos dijeron que buscáramos un cuaderno de bocetos y que saliéramos a hacer bocetos de la vida. Bocetos de gente en el centro comercial. Bocetos de perros en el parque. Bocetos de niños jugando. Se suponía que debíamos llevar el cuaderno adonde fuéramos. Ah, y no teníamos permitido dibujar con lápiz, ya que era fácil borrarlo y corregir nuestros errores. Debíamos usar bolígrafo porque eso te obligaba a observar tus errores e interiorizarlos. Te obligaba también a observar a tu sujeto con más detenimiento antes de poner la pluma sobre el papel. Y te hacía preguntarte cosas como: «El hombre que está leyendo el periódico, ¿se está apoyando más en una pierna que en otra? ¿Está inclinando los hombros hacia un lado y la cabeza hacia el otro?». Una vez que has observado con detalle, entonces puedes llevar la pluma al papel.

Me compré entonces un cuaderno y lo llevaba a todas partes. Cuando empecé a hacer bocetos, me resultó muy frustrante. Un día, una amiga me preguntó: «¿Por qué tachas tus dibujos? ¿Es para que nadie los vea?». Y yo le contesté: «No... es para que yo no los vea». Iba progresando muy despacio, lo cual me enloquecía a veces. Me comparaba con otras personas y pensaba: *¿Por qué para ellas es tan sencillo?* Incluso empecé a dudar de si en verdad tenía talento.

Sin embargo, en el fondo sabía que no había forma de saltarse ese paso y que debía seguir intentándolo. Además, compararme con otros no me serviría de nada. Era mi vida, mi travesía.

Después del primer año en CalArts, me seleccionaron para unas prácticas de verano en los Walt Disney Studios. Eso fue en 1990, cuando empezaban a trabajar en *La bella y la bestia*. De día practicábamos la animación dibujada a mano; de noche, nos ofrecieron una clase de bocetos impartida por un hombre llamado Walt Stanchfield. Él fue quien me enseñó el secreto de los grandes bocetos. Me dijo que me olvidara del dibujo y me enfocara en la historia y la acción detrás del dibujo. ¿Qué está haciendo la chica? Es beisbolista, pero ¿en qué fase del «bateo» está? ¿Está estrujando el bate antes de que le lancen la bola? ¿O está en pleno bateo? Quizá ya golpeó

la pelota, pero el bate sigue avanzando con la inercia. Cuando aprendí a identificar la anticipación, la acción y el seguimiento de cada gesto, mi cuerpo fue capaz de sentir el movimiento, y mis dibujos empezaron a reflejarlo. Dejé de hacer dibujos rígidos y sin vida. Al fin tenían movimiento, tenían tensión, y detrás de cada boceto había una historia.

Sentí como si mi artista interior hubiera estado atada con rígidas cuerdas y como si, después de la clase de Walt, algo las hubiera cortado. ¡Me liberé! Compré entonces un pase de temporada para el zoológico de Los Ángeles y, mientras hacía bocetos de los animales, me inventaba historias en la mente. *Ese chimpancé no está girando un neumático viejo; es un mecánico arreglando una llanta. Creo que lo dibujaré con la ropa de trabajo.* Mientras observaba a una mujer con vestido amarillo que comía cerezas , elegí dibujarla como un caimán con vestido amarillo que comía cerezas. El caimán tenía la mano abierta, ansiosa por agarrar un puñado de cerezas, al igual que la mano de la mujer.

Hacer bocetos se convirtió de pronto en un exquisito juego que me permitió darle rienda suelta a mi imaginación. Y, dado que no me enfocaba en el lado técnico del dibujo sino en la historia y la acción, mis dibujos fueron mejorando poco a poco. Pero ¿logré convertirme en una gran artista?

Desde entonces, querida rebelde, descubrí que el viaje a la grandeza nunca termina. Siempre tendrás que esforzarte para ser mejor en aquello que amas; ese es el objetivo... y lo único que te ayudará a alcanzar tus sueños.

Llevo ya unos 30 años en la industria de la animación y he trabajado como animadora, diseñadora de personajes, artista de desarrollo visual, dibujante de *storyboard*, guionista, directora y productora ejecutiva. He forjado una carrera basada en garabatos, los cuales me han ayudado a llegar mucho más lejos de lo que nunca imaginé.

Milt Kahl, uno de mis animadores de Disney favoritos y probablemente el mejor artista que ha pasado por ese estudio, dijo una vez: «De hecho, no soy tan buen dibujante. Es solo que no me doy por vencido tan fácilmente. Sigo intentándolo. Tengo estándares muy altos y procuro alcanzarlos. Tengo que esforzarme... para que un dibujo me quede bien».

¡Te deseo paz, amor y pasión en todas tus búsquedas de grandeza!

Con amor,
Jill

Jill Culton es guionista y directora. Entre sus obras más destacadas está el *storyboard* de las películas de Pixar *Toy Story*, *Toy Story 2* y *Bichos: una aventura en miniatura*. Culton escribió y dirigió *Un amigo abominable* para DreamWorks Animation, con lo que fue la primera mujer en escribir y dirigir una película original de animación digital

Aceptarse frente al espejo

¡Hola! Me llamo Tegan Vincent-Cooke, tengo 22 años y soy una jinete de doma paralímpica de talla internacional y creadora de contenido tetrapléjica y con parálisis cerebral y distonía.

En mis 22 años de vida, he pasado por muchas fases en las que he amado, odiado y aprendido sobre mi discapacidad, ¡a veces incluso en un mismo día! Descubrí que se requiere mucho aprendizaje para alcanzar cierto tipo de aceptación. Y el hecho de que yo sea una persona con discapacidad no implica que mi familia y yo automáticamente sepamos o entendamos todo lo que conlleva. La gente con discapacidades debe enfrentar muchos desafíos físicos; sin embargo, en mi caso, los desafíos mentales han sido los más difíciles de sobrellevar. Cuando era pequeña, la salud mental era un tema tabú a nivel social, y por eso la gente no solía compartir abiertamente sus verdaderos pensamientos e inquietudes.

En mi experiencia, sé que a veces sentimos que estamos viviendo una vida doble. Quizá por fuera proyectes una imagen encantadora, positiva y sonriente. Sin embargo, por dentro, en lo más profundo, tienes preguntas sin resolver que detonan temores, ira y confusión. No fue hasta que trabajé con una terapeuta hacia el final de mi adolescencia cuando empecé a entender esos sentimientos, a validarlos y a hacer algo al respecto. Poder finalmente hablar con alguien me permitió procesar las emociones negativas y encontrar formas de lidiar con ellas mejor en el futuro, por lo general tras hacer la pregunta que me agobiaba.

Por lo tanto, quiero compartir contigo algunas de las lecciones más difíciles que he aprendido como mujer discapacitada y cómo las he sobrellevado. Muchas de estas lecciones siguen sin una resolución total y requieren cierto mantenimiento.

Desarrollo personal y aceptación

Pregunta sin resolver: ¿Soy suficiente?

De niña, lo único que quería era ser aceptada por otras personas. Quería ser como los demás. No quería ser «la niña discapacitada». En ese entonces había mucho estigma social en torno a las discapacidades, y lo sigue habiendo. En bachillerato tuve que enfrentarme a mucha discriminación, y a veces me hicieron sentir inferior por mis diferencias. Me obligaban a participar en deportes que no podía practicar bien, e incluso me decían con quién tenía «permitido» tener una amistad. Con todas mis fuerzas intenté ser igual a los demás y hacer todo sin ayuda. Sin embargo, eso implicó negar mi discapacidad. En vez de ser la mejor versión de mí misma, cambié para acoplarme a los demás, para

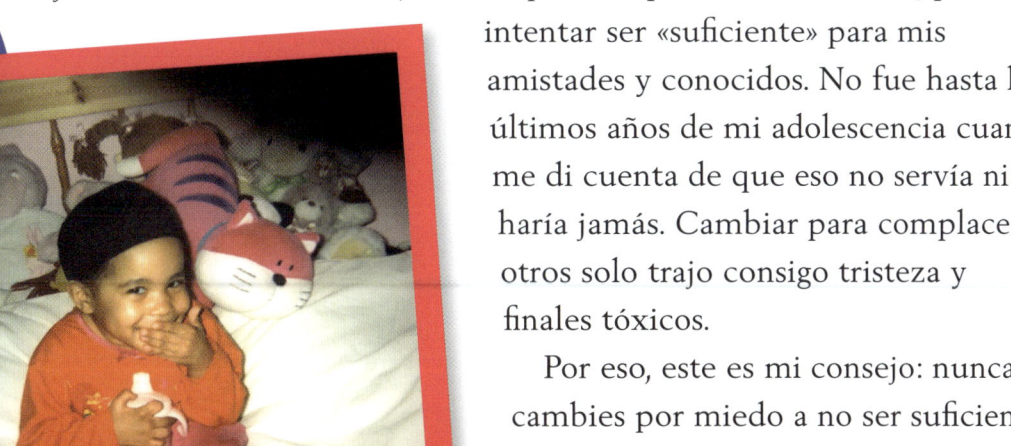

intentar ser «suficiente» para mis amistades y conocidos. No fue hasta los últimos años de mi adolescencia cuando me di cuenta de que eso no servía ni lo haría jamás. Cambiar para complacer a otros solo trajo consigo tristeza y finales tóxicos.

Por eso, este es mi consejo: nunca cambies por miedo a no ser suficiente. En vez de eso, cambia a la gente que te rodea por gente que te aprecie tal y como eres, ¡porque eres increíble!

Este es mi consejo: siempre habrá ocasiones en las que no te guste tu cuerpo, pero enfocarte en las partes que sí te gustan hará que tu vida sea más alegre y llevadera.

Autoestima y confianza en ti misma

Mi cuerpo no es como los demás.
Si a mí no me gusta, a nadie le gustará.

Durante buena parte de mi adolescencia detesté mi cuerpo, pues sentía que estaba atrapada en un caparazón corporal que no era mío. Mi cuerpo no siempre le hacía caso a mi cerebro, y no podía controlarlo. Por lo tanto, sentía que no me pertenecía. Ni siquiera podía mirarme al espejo porque me enfurecía y frustraba mi reflejo. Me recordaba la percepción que otros tenían de mí. En las tiendas, desviaba la mirada. En el salón de belleza, cerraba los ojos. Así fue mi vida hasta que vi en internet el video de una joven discapacitada que compartió una historia similar a la mía y planteó la siguiente pregunta: «¿Quieres llevar una vida a escondidas cuando en vez de eso puedes elegir amar?».

La palabra clave era «elegir». Desde ese día, empecé a mirarme al espejo todas las noches, pero, en vez de fijarme en las cosas negativas, buscaba solo una parte de mi cuerpo que me encantara. No siempre tenía que ver con mi apariencia. A veces me gustaba mi sonrisa o mis curvas. Otras veces me gustaba que la fuerza de mis piernas y mi torso me había sostenido durante el día.

Eso no significa que todos los días sean sencillos.

Este es mi consejo: siempre habrá ocasiones en las que no te guste tu cuerpo, pero enfocarte en las partes que sí te gustan hará que tu vida sea más alegre y llevadera.

LOVE YOURSELF

No estás sola, aunque a veces sientas que sí

Nadie entiende lo que siento.
Nadie más está viviendo mi vida.

La mayor parte de mi vida me sentí muy sola, pues no encontraba alguien como yo a quien pudiera admirar. Por fortuna, ¡ya no es el caso! Hay miles, si no es que millones, de personas en una posición similar a la mía, algunas de las cuales han vivido lo mismo que yo y algunas de las cuales apenas están naciendo. Todos merecemos ser parte de una comunidad llena de gente que nos represente, que comparta su travesía y nos ayude a educar y respaldar a otros a través de su historia.

Como muchas otras personas, uso las redes sociales para compartir mi travesía y documentar cómo vivo la vida y supero los desafíos, como mi forma inusual de alzar un vaso, de tomar bebidas calientes de forma segura, de aprender a conducir y de convertirme (y seguir siendo) una jinete de doma paralímpica de talla internacional.

Este es mi consejo: sin importar qué desafío estés enfrentando, debes saber que no estás sola. Allá afuera hay una comunidad llena de gente lista para contestar tus preguntas, inspirarte más y moldearte para que seas la mejor versión de ti misma.

Lo estás haciendo increíble. Bienvenida a la comunidad.

Tegan Vincent-Cooke es una jinete de doma paralímpica de talla internacional y creadora de contenidos que vive en Bristol, Reino Unido.

Querida yo niña:

Lo siento.

Lamento no haber sido una buena amiga cuando más me necesitabas. Lamento haberte criticado y haber sido cruel y haber dicho toda clase de cosas feas para destruirnos. Lamento haberte convencido de que no valíamos la pena y de que nadie nos querría.

Estaba muy, muy equivocada.

En ese entonces no sabía lo que hacía. Pensaba que todos mis malos pensamientos sobre nosotras eran verdad, y no que eran simples... pensamientos. Creía que teníamos que vernos de cierta forma para ser felices. Creía que debíamos encontrar alguien que nos amara para valer algo. Creía que «estábamos haciendo algo mal en la vida». Lo que no sabía era que lo que más necesitábamos era amarnos a nosotras mismas y no recriminarnos cosas.

Probablemente no me creas, pero, conforme vayas creciendo, esos pensamientos crueles se irán desvaneciendo. Empezaremos a combatirlos y a defendernos. Aprenderemos a apreciar las cosas que nos hacen especiales y trabajaremos en las partes que más nos han dificultado la vida. Nos enamoraremos (muchas veces) y descifraremos cómo amar de una forma que nos haga sentir seguras y satisfechas. Haremos muchas cosas increíbles de las que nos enorgulleceremos. Descifraremos qué nos hace felices y qué no. Nos esforzaremos por llenar nuestra vida de cosas buenas, mientras nos mantenemos fuertes para enfrentar las malas.

> Nos esforzaremos por llenar nuestra vida de cosas buenas, mientras nos mantenemos fuertes para enfrentar las malas.

Nuestro cerebro ya no es tan aterrador. Te lo prometo.

Desearía poder retroceder en el tiempo para protegerte de todas las cosas malas que nos hice creer. Pero no hay vuelta atrás. Solo podemos seguir avanzando. Por fortuna, nos hemos vuelto expertas en ello.

Sabemos bien cómo seguir adelante. Y es algo que me encanta de nosotras.

He aprendido mucho desde que fui tú, pero quizá lo principal ha sido la importancia de la gentileza con nosotras y con los demás. El día que aprendas a ser amable en lugar de crítica, todo cambiará para siempre.

Vas a cambiar.

Te vas a convertir en mí.

Con amor por siempre,
Allison

Allison Raskin es una autora, youtuber, podcáster y comediante estadounidense. Es coautora del libro *I Hate Everyone But You*, considerado un éxito de ventas por el *New York Times*.

Altibajos

En redes sociales, siempre he sido sincera sobre quién soy. En Instagram es fácil fingir que tu vida es perfecta, pero nunca fue mi intención hacerlo. Cuando publicaba videos de patinaje, me mostraba haciendo trucos impresionantes, pero también mostraba mis caídas. En una sociedad obsesionada con la perfección y la belleza, sentía que era importante ser franca con respecto a cómo eran las cosas en realidad.

En noviembre de 2020 me pasó algo que puso a prueba mis convicciones. Un perro me atacó y me deformó la cara; perdí el labio superior y parte de la nariz. Los doctores dijeron que tendría que someterme a varias cirugías para empezar a reparar el daño. Sentí un profundo dolor, tanto físico como emocional. Me inundaron las inquietudes. ¿Podría volver a sonreír? ¿Cómo comería? ¿Cómo reaccionaría el mundo al ver que mi cara había cambiado?

Mi madre me dijo que no era necesario publicar nada sobre el ataque si no quería hacerlo. «Puedes esperar a que terminen las operaciones, y entonces publicar cómo te ves después de todo el proceso», me dijo. Reflexioné sobre ello. Era tentador esperar a que todo terminara y estuviera bien del todo. Pero necesitaría cinco cirugías o más. Esperar implicaría ocultar lo que me estaba pasando durante meses o hasta años.

Busqué en internet para averiguar si alguien había pasado por algo similar. ¿Cómo lo habían sobrellevado? Busqué por todas partes, pero no encontré ninguna historia que fuera exactamente como la mía. En ese momento supe que tendría que sincerarme. Quería ser la persona que inspirara a alguien más que estuviera pasando por dificultades, ya fueran mentales o físicas. Así que empecé a compartirlo todo.

Las fotos que publiqué después del ataque mostraban las heridas, las vendas y la habitación de hospital en que me estaba recuperando. Conforme fui mejorando, empecé a compartir mis sentimientos, los cambios en mi rostro y los resultados de cada cirugía. Aunque no eran fotografías fáciles de ver, y leer los pies de foto podía resultar doloroso, eran completamente honestas y auténticas. Y mostraban lo que de verdad me estaba ocurriendo.

Sabía que no todo el mundo reaccionaría con compasión. Tanto en redes sociales como en la vida real, la gente insistía en preguntarme qué me había pasado en la cara. Al salir a la calle, la gente se detenía y se me quedaban mirando. A veces me señalaban o le susurraban algo a otra persona. Intentaba convencerme de que era su forma poco educada de mostrar su curiosidad y que el problema era suyo y no mío, pero aun así mermaba mi confianza.

Por fortuna, a pesar de enfrentarme a tanta negatividad, recibí mucho más apoyo. Mi familia, mis amigos y mi novia han reforzado mi confianza y me han enseñado que soy hermosa por dentro y por fuera, a pesar de mi apariencia. Al compartir mi historia, he conocido las de otras personas que han sobrevivido a ataques caninos, que se han sometido a cirugías reconstructivas o que simplemente han lidiado con desafíos físicos o mentales que las hacían sentir aisladas. Me hace muy feliz saber que le estoy brindando a la gente el tipo exacto de inspiración y reafirmación que yo buscaba en los primeros días de mi recuperación.

Así que seguiré haciéndolo. Me aseguraré de ser siempre sincera con respecto a los altibajos de mi vida real. Por cada salto espectacular que hago, hay montones de caídas. Da igual cómo quieran pintarlo algunas personas en redes sociales, no hay éxito sin fracasos. Así es como crecemos y aprendemos. Así que celebra tus desafíos y tu progreso. Te prometo que no estás sola.

Brooklinn Khoury es una patinadora, modelo e influencer estadounidense.

De la voz a la acción

Un día, en clase de ciencias sociales, cada alumno tenía que decir qué quería ser de mayor.

Yo tenía muy claro cuál sería mi respuesta. Desde que empecé a aprender sobre el gobierno, sabía que quería participar en él cuando fuera mayor.

—Quiero ser candidata a la presidencia —anuncié con orgullo cuando llegó mi turno.

—Pero sabes que no puedes, ¿verdad? —contestó mi maestra de forma casi automática. Mis compañeros se dieron la vuelta para mirarme. Se me hizo un nudo en la garganta—. Tendrías que haber nacido aquí —explicó la maestra. Luego le cedió la palabra a otra persona, pero yo no podía dejar de pensar en lo que me había dicho. Me temblaban las manos por la conmoción y la incredulidad. Era cierto que no era originaria de Estados Unidos. Nací en Jaipur, India, y me mudé a Estados Unidos cuando era muy pequeña. Pero ¿en serio eso significaba que no podía ser presidenta?

Decidí investigarlo, y lo que encontré transformó la conmoción en furia. La Constitución de Estados Unidos afirmaba que, para ser presidente del país, era indispensable ser «ciudadano nacido en el territorio», lo cual descartaba a cualquiera que, como yo, fuera inmigrante. Sentí que era la peor forma en la que Estados Unidos podía traicionarme. Ni siquiera recuerdo la época en la que no vivía en el país, y crecí escuchando que podía lograr lo que me propusiera, pues vivía en la tierra de las oportunidades. Sin embargo, saber que no podría ser

> Aunque seas joven y creas que a nadie le importa lo que para ti es importante, sigue usando tu voz. Y quizá te sorprenda la respuesta que obtengas.

candidata al cargo de elección popular más alto del país me hizo sentir que todo había sido una mentira.

Al poco tiempo, mi furia se transformó en acción.

Dirigiría mis inquietudes a quien estaba en la presidencia en ese momento: Barack Obama.

Empecé a esbozar una carta para pedirle que cambiara la ley que me impedía ser candidata a la presidencia. Mi profesora de literatura me permitió trabajar con ella en su casa después de clase. Mi jefa de tropa de las Scouts también me alentó a hacerlo. Su apoyo me inspiraría después a enfocarme en el gobierno para mi proyecto del Silver Award, un proyecto pensado para contribuir a crear un mundo mejor.

Una vez que escribí la carta, supe que necesitaba hacer algo que llamara la atención del presidente. Muchos de mis compañeros y profesores pensaban que era una pérdida de tiempo. ¿Por qué al presidente le iban a importar las opiniones de una niñita racializada? Yo sabía que se equivocaban y quería demostrárselo. En la oficina de mi padre imprimí cien copias de la carta y guardé cada una en un sobre. Todas iban dirigidas al presidente Barack Obama. Quizá podría ignorar un sobre, pero ¿ignoraría cien que llegaran al mismo tiempo? Eso debía aumentar las probabilidades de que la leyera.

Metí todos los sobres en el buzón. Cada vez que uno de ellos caía, sonaba un golpeteo metálico. Después de eso, esperé.

Y esperé.

Un día, cuando llegué a casa, había un sobre esperándome en el buzón. Al ver que tenía el sello de la Casa Blanca, casi se me cae. ¡No me lo podía creer! ¡El presidente me había contestado!

Cuando me tranquilicé lo suficiente como para leer su respuesta, no pude evitar sentirme un poquito decepcionada. Supuse que su respuesta sería positiva y que algún día podría ser candidata a la presidencia. Pero ahora sé que no es tan fácil cambiar la Constitución. Y, viéndolo en retrospectiva, los consejos que me dio fueron muy valiosos. Su carta hablaba sobre la importancia de ser leal al servicio y de rodearse de una comunidad solidaria. También decía que yo ya tenía el poder de hacer cambios sustanciales. A pesar de que he crecido y me he involucrado en organizaciones políticas cada vez más grandes, siempre he seguido sus consejos.

Espero que tú también sepas que tu voz es poderosa. Aunque seas joven y creas que a nadie le importa lo que para ti es importante, sigue usando tu voz. Y quizá te sorprenda la respuesta que obtengas. Si hablas con sinceridad, convicción y gentileza, la gente te escuchará. Haz preguntas, defiende aquello en lo que crees y confía en que tu comunidad te ayudará a transformar tus ideas en acciones.

Y, ¿quién sabe? Quizá incluso hasta recibas una carta del presidente.

Pranjal Jain es fundadora de Global Girlhood, una organización internacional sin fines de lucro con oficinas en más de 70 ciudades del mundo que forma a periodistas y fomenta el diálogo intercultural, la transmisión de relatos y las mentorías.

Contra todo pronóstico

A veces, cuando voy conduciendo y tengo un momento para reflexionar, no puedo evitar fijarme en lo lejos que he llegado. Nací en Somalia, a más de catorce mil kilómetros de donde terminaría, en una cultura que no valoraba a las niñas ni se preocupaba por darles educación. Aun así, ahora vivo en California y soy enfermera, escritora, oradora y actriz. Dados mis orígenes, debería ser una nómada casada con un anciano que guiara su camello refunfuñón por el desierto durante la interminable búsqueda de agua. Jamás habría podido predecir las vueltas que dio mi vida, algunas trágicas, otras francamente devastadoras.

Mis padres crecieron como nómadas, pero él soñó con una vida distinta. Cuando era joven, dejó a su familia para procurarse una educación. Cuando se casó con mi madre, la llevó también a vivir a la ciudad. Por fortuna, mi padre quería que todos sus hijos, incluyendo a sus hijas, recibieran educación. Aunque mi madre no había ido a la escuela, era práctica y sabía resolver problemas. Sabía que su anciana madre, mi *ayeeyo*, pronto necesitaría una ayudante que ocupara su lugar. Por ser la cuarta hija y la de en medio de nueve, mi madre me eligió para que viviera como nómada y fuera la ayudante de mi *ayeeyo*. Después de concluir el primer año de escuela, me llevó al desierto para que viviera con mi abuela.

Aunque no entendía que eso implicaría ver poco a mis hermanos y dejar de ir a la escuela, me hacía feliz estar con mi *ayeeyo*. Dado que era una niña curiosa y traviesa, el desierto alimentaba mi imaginación, a pesar de sus múltiples peligros. Trepaba nidos de termitas, me perseguían jabalíes salvajes, combatí zorros para salvar a mis cabras, me mordió una serpiente y me picaron varios escorpiones. El desierto me enseñó a ser resiliente y autosuficiente. Gracias a mi abuela aprendí responsabilidad, supervivencia y, sobre todo, valentía. En las noches, alrededor de la fogata, me alimentaba de sus historias de ancestros valientes y depredadores astutos.

La principal lección que aprendí es que la valentía no existe sin el miedo. Y eso me serviría al enfrentarme a desafíos posteriores.

La primera tragedia ocurrió cuando mi madre murió inesperadamente de malaria. Mi madre era el pilar de nuestra familia, el vínculo entre el mundo nómada y la vida urbana. Cuando se fue, mi *ayeeyo* decidió, en medio de su aflicción, que yo no debía pasar más tiempo separada de mis hermanos ni debían privarme de una educación. A mis cuatro hermanos menores y a mí nos llevaron a un orfanato en la ciudad de Mogadiscio, donde tuve que aprender un nuevo estilo de vida. La experiencia de proteger las cabras de los depredadores me ayudó a combatir a los *bullies*. Mi resiliencia y curiosidad me permitieron adaptarme al entorno desconocido. Descubrí que, cuando sientes curiosidad, no te juzgas ni juzgas a los demás, y estás abierto a varios posibles resultados. Con el tiempo, esa actitud me permitió hacer amigas. Compartíamos nuestras historias mientras nos trenzábamos el cabello, lo cual estrechó nuestro lazo. A pesar de las dificultades, me esforzaba en la escuela, leía con frecuencia y sacaba buenas notas. No obstante, la vida volvería a poner a prueba mi resiliencia cuando el orfanato se vio obligado a cerrar sus puertas porque el país estaba al borde de la guerra civil.

Cuando el orfanato cerró, me mudé con una de mis hermanas mayores, quien para entonces ya se había casado y vivía en un barrio de clase media en Mogadiscio. Mi hermana fue una fuerza amorosa y poderosa en mi vida, así que por primera vez me sentí como una adolescente normal. Iba a la escuela, iba al cine con mis amigas y bailaba al ritmo de la música para sobreponerme a una desilusión amorosa. Pero esa vida fue muy breve, pues la guerra civil acabó con todo. Un día iba caminando a clase y, al siguiente, esa misma calle se llenó de balas que volaban en todas direcciones.

Mi país se hundió en una violenta guerra civil que duraría décadas. Mi familia y yo agarramos lo que pudimos y emprendimos la huida. Se nos sumaron millones de personas, desde bebés llorosos hasta viejos achacosos.

Nos rodeaban el caos, la destrucción y el humo. Viajamos durante meses para llegar a la frontera de Kenia. En el camino, a mi familia y a mí nos atacaron leones y bandidos antes de que pudiéramos llegar a un campamento de refugiados. Una vez ahí, conocí por primera vez lo que era el hambre de verdad. Me concentré en la supervivencia diaria. Necesitaba hacer uso de todas mis habilidades para sobrevivir: resiliencia, curiosidad y valentía.

Nuestra suerte cambió después de varios meses, cuando nos permitieron entrar en Kenia. A la larga, logré migrar a Canadá, donde aprendí inglés y fui a la universidad, y luego a Estados Unidos, donde forjé mi carrera como enfermera y luego me volví escritora.

A la gente suele sorprenderle mi historia y descubrir que no estoy hundida en el dolor. Comprendo su confusión. Por lo regular la gente que ha experimentado muchos sucesos traumáticos permite que le destruyan la vida. Pero yo he observado que la curiosidad, combinada con optimismo, puede ser una forma saludable de enfrentarse a las crisis. Esa actitud me ha permitido volverme resiliente y saber que puedo superar las dificultades y estar bien.

Querida rebelde, cuando la vida se ponga difícil, espero que forjes tu propio camino con la ayuda de la sabiduría de las mujeres que te precedieron. Pero, sobre todo, espero que conserves tu curiosidad, pues puede hacerte vivir muchas aventuras inesperadas.

Shugri Salh es una enfermera, actriz y oradora somalí, autora de la biografía *The Last Nomad*.

Macarrones con queso de Hattie Mae

Esta es una receta que aprendí de mi abuela, Hattie Mae Vivens, quien la preparaba para las fiestas. Como la mayoría de las abuelas, no usaba medidas exactas y siempre que preparaba la receta la sazonaba al gusto. Una de las cosas más sorprendentes que siempre noté era que vertía el azúcar directo de la bolsa. Sobra decir que por eso solo comíamos este plato los días de fiesta y no todo el año. ¡Espero que la disfrutes!

Ingredientes

2 cajas de 500 g de pasta tipo penne

Una pizca de sal

1/3 de barra de mantequilla

1/4 a 1/3 de taza de leche evaporada

3 bolsas de 500 g de cheddar maduro rallado

4 bolsas de 500 g de cheddar ligero rallado

Azúcar al gusto

Albahaca seca

1. Precalienta el horno a 170 °C.
2. Hierve la pasta según las instrucciones del paquete. Agrega una pizca de sal.
3. Cuela la pasta y vuélvela a meter en la olla.
4. Añade la mantequilla y rocíale algo de leche evaporada.
5. Mientras la olla siga caliente, agrega el queso, alternando entre cheddar maduro y cheddar ligero, y ve removiendo. Deja un poco de cheddar ligero para espolvorearlo por encima antes de meter el recipiente al horno.
6. Agrega azúcar al gusto. Si la mezcla te parece seca, añade más leche evaporada o mantequilla.
7. Transfiere la mezcla a un recipiente de aluminio. Espolvoréale por encima el resto del queso cheddar ligero y un poco de albahaca seca como decoración.
8. Cubre el recipiente con papel aluminio y hornea entre 25 y 30 minutos, o hasta que el queso se derrita.

Tia Fuller es una saxofonista, compositora y educadora estadounidense que ha estado nominada a los Grammys. Ha salido de gira con Beyoncé y es la voz del saxofón en la película *Soul*, de Dorothea Williams.

Querida rebelde:

¿Alguna vez has sentido que el mundo es un caos?
Yo me siento así todo el tiempo. De hecho, como presentadora de noticias, mi trabajo consiste en contarle a la gente todas las cosas caóticas que ocurren a diario en nuestra ciudad, nuestro país y nuestro mundo. Son cosas difíciles, y yo no puedo simplemente cambiar de canal. ¡Yo ESTOY en el canal!

«¿Por qué lo haces entonces?».

Pues por varias razones. La principal es que las historias que cuento (o que contamos) tienen la capacidad de ayudar a mucha gente. A veces eso implica llamar la atención hacia las cosas terribles que ocurren, de modo que la ciudadanía pueda organizarse para exigirles cambios a las autoridades.

Además, las noticias imitan la vida: no todo es malo ni todo es bueno. Sin embargo, si te quedas el tiempo suficiente, recibes un poco de todo, y lo bueno te da la esperanza de que es posible superar lo malo, o al menos sobrellevarlo.

Presentar las noticias es como tomar al espectador de la mano mientras observa los altibajos de la vida.

«Bueno, pero ¿quién te toma a ti de la mano?».

Por fortuna, tengo gente cercana que me apoya cuando tengo un día difícil. Sin embargo, después de años detrás del escritorio de las noticias, he aprendido varias estrategias y lecciones valiosas que me ayudan a encontrarle sentido al mundo y a hacer las paces con él. Quizá a ti también te resulten útiles.

Cuando estoy demasiado abrumada, recuerdo el consejo que me dio otra presentadora cuando empecé a salir en televisión. Ella me animaba a ir paso a paso, «por bloques de noticias».

«¿Qué es un bloque de noticias?».

Un bloque de noticias es cada una de las partes del programa que se transmite entre los anuncios. Piénsalo así: si estás enfocada al

100 % en la tarea que tienes enfrente, no puedes distraerte ni dejar que te afecte lo que ha ocurrido, y tampoco tendrás tiempo para preocuparte por lo que vendrá. Una vez que dicho bloque de noticias se termine, puedes enfocar tu atención y energía en lo que viene después.

Los obstáculos no son tan aterradores cuando los descompones en pequeñas piezas.

He enfrentado momentos en mi carrera en los que me he sentido intimidada o que he temido por mi seguridad al cubrir una historia.

«Espera, ¿tú también te asustas?».

¡Por supuesto! Se me acelera el corazón. Empiezo a sudar. Una vez incluso me dio una dermatitis. Sin embargo, no puedo perder la compostura cuando estamos transmitiendo en directo. La gente cuenta con que yo le comunique información importante. Así pues, inhalo profundamente y me pregunto: ¿Qué cosas están bajo mi control en este instante? Y entonces hago algo cuando es posible avanzar, pues progresar despacio es mejor que no progresar en absoluto.

El miedo se alimenta de lo que no podemos cambiar. El combustible de la valentía es aquello que sí podemos cambiar.

No te desanimes si no le gustas a alguien o no le gusta lo que dices. Las críticas se comparten fácilmente por medio de la tecnología y las redes sociales. Y hay quienes no dudan en dar su opinión porque se sienten protegidos por el anonimato.

«¿Qué tipo de cosas te dice la gente?».

En ocasiones hay críticas sustanciales. Reflexiono al respecto e intento mejorar. En otras, hay espectadores que me buscan para insultarme o decirme que no les gusta mi cabello, mi ropa o la forma de mi cuerpo. En esos casos, recurro a una cita de la artista Georgia O'Keefe que tengo pegada de forma visible en mi escritorio:

«Ya lo resolví por mi cuenta, así que los halagos y las críticas se irán por el mismo camino, y eso me da bastante libertad».

Estoy orgullosa de la persona que soy y de lo que les aporto a mi familia, a mis amistades, a mi lugar de trabajo y a mi comunidad. Eso es lo único que importa.

La retroalimentación más importante que recibirás vendrá del interior.

Recuerda, rebelde, que todo es pasajero. Los titulares de ayer podrán llamar nuestra atención un rato, pero, a la larga, pasarán a la historia. A diario tenemos la oportunidad de infundirle calma y control al mundo que nos rodea. Espero que mis palabras te ayuden a enfrentar los golpes de la vida con un poco más de confianza.

Con amor,
Tanja

Tanja Babich es presentadora del programa de noticias *Eyewitness News in the Morning* de ABC 7 de Chicago. Nació en Canadá, es hija de inmigrantes serbios y chilenos, y es madre de tres niñas rebeldes.

Tus diferencias son tu fortaleza

Desde que tengo uso de razón, he sentido que no pertenezco ni encajo. Empecé a nadar cuando tenía dos años y medio, y hasta los ocho practiqué natación e iba a clases de karate en días alternados. Era inusual que una niña de mi pueblo en India practicara un deporte, y mucho menos dos. A los ocho años empecé a competir en pruebas locales y estatales, y, con tantos entrenos y competiciones, solía faltar a la escuela, pero me esforzaba por ponerme al corriente y olvidaba socializar o jugar después de clase. Tenía una agenda sobresaturada que requería muchísima disciplina.

Mi agenda tan peculiar no era lo único que me hacía sentir diferente. Como nadadora competitiva, entrenaba en exteriores dos veces al día durante varias horas. Ese entrenamiento me iba bien para preparar las pruebas, cambió mi apariencia. Conforme el sol me fue bronceando la piel, su tonalidad oscura fue influyendo en la percepción que la gente tenía de mí. En una cultura poco saludable que prefiere la piel clara, no fue fácil para mí crecer con una apariencia «poco femenina». En ese entonces no entendía que esas actitudes y percepciones no eran un reflejo de mí ni me definían. Sin embargo, cuando eres joven crees con facilidad lo que otros piensan y dicen de ti.

Aunque empecé nadando en piscina, cuando llegué a la adolescencia me convertí en nadadora en aguas abiertas. Ahí, no se competía en agua clorada ni entre carriles. En vez de eso, tenía que enfrentarme a las corrientes acuáticas y las temperaturas difíciles del mar abierto. Para ello, debía ponerme peso en algunos trayectos, como cuando crucé el Canal de la Mancha. Ese peso extra me protegía del frío y me daba la energía necesaria para nadar más de 10 horas sin parar. No obstante, las

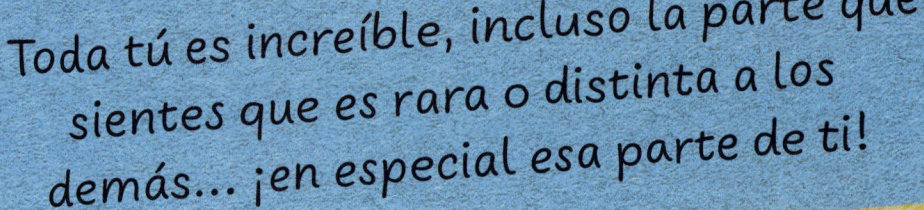

necesidades de mi entrenamiento no siempre coincidían con las expectativas que tenía la gente de las chicas y de las atletas. Solían hacer comentarios sobre mi peso y preguntas como: «¿No estás muy gorda para ser nadadora? ¿No deberías tener un cuerpo más tonificado?». Aunque batiera récords y alcanzara todas mis metas deportivas, no me consideraba una atleta porque creía a la gente que decía que mi cuerpo no era el de una atleta.

La presión de hacer las cosas bien, de verme de cierta forma y de encajar en la idea que los demás tenían de cómo debería ser yo, aunada al aislamiento que te produce sentirte totalmente distinta a quienes te rodean, terminó por afectarme. Desarrollé un trastorno alimenticio que me hizo sentir aún más aislada porque no conocía a nadie que estuviera viviendo lo mismo. La falta de conciencia y de recursos para enfrentar esos problemas tampoco ayudaba mucho que digamos. Durante años me lo guardé por temor a parecer rara o diferente. Finalmente, cuando tenía poco más de veinte años, una amiga me compartió que estaba pasando por desafíos similares y me brindó las palabras que necesitaba para describir mi experiencia. Entonces me di cuenta de que no estaba sola, y oír a alguien más hablar de lo que yo estaba viviendo me resultó liberador. En el transcurso de los últimos años he emprendido pasos para hacer las paces con mi cuerpo, liberarme de las nociones ajenas de cómo debe verse mi cuerpo y reconocer la verdad. Ni el color de mi piel ni el tamaño de mi cuerpo determinan mi valor como mujer o como atleta. Este cuerpo me ha permitido atravesar corrientes turbulentas, me ha mantenido a salvo en condiciones climáticas extremas (desde las cálidas aguas del golfo de México hasta las temperaturas gélidas del Océano Antártico) y me ha permitido estar en una posición en la que puedo hablarles a otras niñas a través de este ensayo. Mis diferencias me han dado la oportunidad de enfrentarme a grandes desafíos y volverme una mejor persona y atleta.

Al observar mis experiencias en retrospectiva, puedo afirmar que es cierto: era distinta a los demás. Y lo sigo siendo. Pero esas diferencias son las que me hacen única. Son las que me hacen fuerte. Son las que me permiten hablarte en este momento con la esperanza de que mis palabras te hagan sentir acompañada. Aceptar lo que nos hace únicas y amarnos de verdad es una travesía difícil. Sobre todo cuando sentimos que debemos encajar en un molde para que los demás nos acepten y nos amen, es fácil culparnos por nuestras propias diferencias. ¡Pero son las que nos hacen únicas y especiales! Toda tú es increíble, incluso la parte que sientes que es rara o distinta a los demás… ¡en especial esa parte de ti! Son las partes de ti que te hacen ser quien eres. Mientras te esfuerzas por aceptar lo que te hace única y seguir tu corazón, podrías llegar a sentirte sola, pero no lo estás. Confío en que, al leer esto, sabrás al menos que tienes a una persona a tu lado: yo.

Bhakti Sharma es una nadadora en aguas abiertas de origen indio. En 2015 se convirtió en la nadadora más joven y primera mujer asiática en nadar en el Océano Antártico. Estableció un récord mundial con su recorrido de 2,25 kilómetros.

Querida niña rebelde:

Me pregunto qué piensas mientras lees este libro. ¿Las mujeres en estas páginas se parecen a ti? ¿Su vida se parece a la tuya? Me lo pregunto porque, mientras escribo esta carta, yo también me imagino quién eres tú: cómo te ves y cómo esta página podría ser la que te inspire.

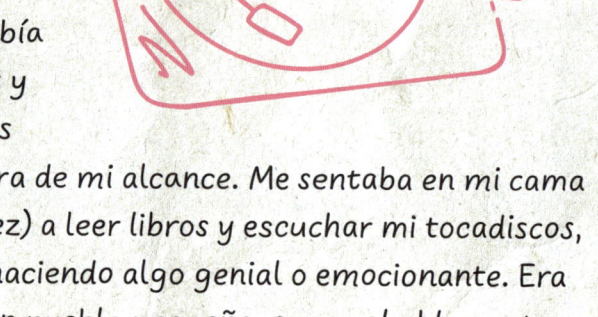

Verás, cuando era joven, no sabía de ninguna mujer que hubiera logrado hazañas increíbles de audacia o que emprendiera aventuras. Había muchas cantantes, actrices y políticas increíbles, pero sus carreras parecían estar fuera de mi alcance. Me sentaba en mi cama (como estás tú ahora, tal vez) a leer libros y escuchar mi tocadiscos, y me costaba imaginarme haciendo algo genial o emocionante. Era solo una niña que vivía en un pueblo pequeño, que probablemente crecería, se casaría y tendría un trabajo normal.

Pero tenía la ambición de hacer algo diferente y emocionante en la vida. No tenía un talento especial, pero tenía determinación y la voluntad de probar casi cualquier cosa, lo que significaba que era muy buena siendo un poquito mala en muchas cosas. Las probaba y practicaba. Con frecuencia fracasaba, así que intentaba otra cosa.

Me he dado cuenta de que a veces fracasamos, pero no por eso somos un fracaso, y con frecuencia son las cosas más simples las que nos brindan más alegría.

A los veintitantos ya tenía una licenciatura en teatro y había pasado un año siendo niñera en Estados Unidos... pero aun así quería hacer algo distinto y emocionante.

Mi novio sugirió que remáramos cinco mil kilómetros en el océano Atlántico. ¿Sería esa la aventura que buscaba? Bueno, al final no fui con mi novio, sino con mi madre.

Mamá y yo no éramos las mejores remadoras, ni mucho menos éramos las más veloces. De hecho, tardamos cuatro meses en llegar de las islas Canarias a Barbados. Los equipos más rápidos lo hacen en apenas 36 días.

Lo que sí sabíamos hacer era seguir adelante. Nos dolían las nalgas y las manos. Nos sentíamos solas y a veces nos desanimábamos. Extrañábamos las comodidades del hogar, como darse un baño caliente y la buena comida. Solo teníamos una botella de agua para vertérnosla sobre la cabeza y toallitas húmedas para mantenernos limpias. Además, comíamos alimentos deshidratados y arroz hervido, lo cual no siempre permitía combatir los mareos marinos. Nos enfrentamos a tormentas terribles que pasamos escondidas en la cabina. Íbamos en un barco de madera que medía apenas ocho metros de longitud. La cabina era diminuta. Con frecuencia sentimos miedo y temimos que el oleaje nos volteara y entonces nos perdiéramos en el mar.

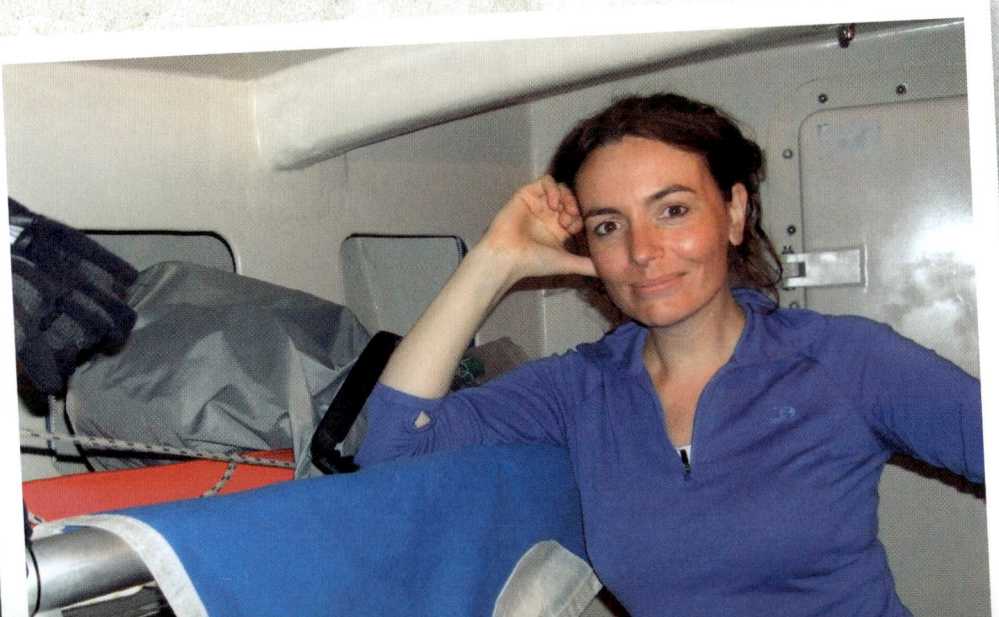

Ahora bien, no todo el tiempo fue aterrador. También disfrutamos la increíble belleza del océano y su vida salvaje. Nos visitaron ballenas y delfines, y teníamos unos pececillos como «mascotas» que nadaban a nuestro lado. Un charrán pardo, que es un tipo de ave marina, se me posó en la cabeza y permaneció a bordo de la embarcación casi durante todo el trayecto. Los atardeceres eran increíbles, y el cielo nocturno estaba lleno de millones de estrellas que se reflejaban en el agua a nuestro alrededor, por lo que con frecuencia parecía que remábamos en medio del espacio.

Mamá y yo llegamos a Barbados 106 días después, y pasamos a la historia como la primera pareja de madre e hija que remaban en cualquier océano. De hecho, solo 16 mujeres en el mundo han intentado cruzar un océano remando, y nosotras, dos mujeres normales de un pueblito inglés, lo logramos. Nos cambió la vida de forma muy inesperada.

Un año después, otras tres mujeres y yo intentamos ser la tripulación exclusivamente femenina más veloz en atravesar el océano remando. Por desgracia, no lo logramos. Una de las mujeres tuvo que abandonar el barco porque se lesionó y además nos topamos con la cola de un huracán y con dos tormentas tropicales. Nos enfrentamos a olas más grandes que una casa de tres pisos. Y, por si eso no hubiera sido lo suficientemente aterrador, ¡también nos atacó un tiburón! Eso distaba mucho de lo que había planeado. Esperaba obtener otro récord mundial, ser famosa a nivel mundial y quizá incluso salir en televisión. Pero eso no pasó, y fue decepcionante.

Tardé bastante en entender lo increíble que había sido ese viaje. Sobrevivimos. ¿Cuánta gente conoces que haya sido atacada por un tiburón y no le haya pasado nada?

Con el paso de los años y de las aventuras, he aprendido mucho sobre lo que es verdaderamente importante. Me he dado cuenta de que a veces fracasamos, pero no por eso somos un fracaso, y con frecuencia son las cosas más simples las que nos brindan más alegría: encontrar una lata de fruta escondida en el barco, leer una carta de un ser querido, darte un baño caliente cuando vuelves a casa. También me he dado cuenta de que a veces no es lo que hacemos lo que marca la diferencia, sino que lo más poderoso es lo que inspiramos a otras personas a hacer.

Por lo tanto, querida niña rebelde, espero que esta carta y las otras que encontrarás en este libro te inspiren. Las mujeres sobre las que has leído y leerás aquí quizá no se parezcan a ti ni hayan vivido como tú, pero muchas habrán tenido dudas e inquietudes como las tuyas. Muchas habrán fracasado, pero sospecho que todas lo siguieron intentando. Dicho eso, me encantaría compartir contigo una de mis citas favoritas del escritor André Gide, la cual me parece muy inspiradora:

«No puedes descubrir nuevos océanos a menos que tengas la valentía de perder de vista la costa».

—Sally x

Sally Kettle es oradora, autora, entrenadora y aventurera. Es la primera mujer que ha cruzado el océano Atlántico remando dos veces de este a oeste.

Sally y su madre

Brillante

Dilo conmigo. Fuerte. ¡*Brillante!*

Eso es lo que vemos a nuestro alrededor. Lo que se nos dice que tenemos que aceptar en nuestra propia vida. Una imagen perfecta del éxito. Un ideal casi imposible de logros increíbles y casi sobrehumanos al que solo unos pocos tienen acceso. Y a esos pocos nos los restriegan en revistas, entrevistas, redes sociales. El mensaje parece ser: «Es muy fácil. Solo tienes que empezar desde abajo y vas a terminar en la cima del campo que elijas. Ganarás reconocimiento, dinero, poder… todo mientras vives tu sueño. Y si no alcanzas esos niveles de éxito, habrás fracasado. Tu trabajo no vale para nada. Tú no importas».

Lo que esos ideales brillantes no presentan es el trabajo arduo, las lágrimas, las caídas brutales, la inseguridad, el cuestionarte si levantarte vale siquiera la pena. Y la razón por la que el mundo no quiere mostrar ese lado de la ecuación es porque es complicado, difícil y, pues, demasiado real. Porque si te lo mostraran, sabrías que no se trata de mirar hacia esas hermosas y brillantes imágenes e historias. Se trata de mirar hacia adentro, de hurgar en tu interior para descubrir la razón más profunda y sincera por la que quieres alcanzar tus sueños.

Una vez que lo hagas, nadie podrá decirte que no vale la pena hacerlo, porque nadie puede quitarte esa fuerza que está en lo más profundo de tu ser.

Así que silenciemos todo el ruido y seamos tú y yo por un momento.

Quisiera poder tomarte de la mano cada vez que te caigas o que se te rompa el corazón por un rechazo o si dudas de ti misma de cualquier modo imaginable. Pero como no puedo, déjame decirte esto:

Tus sueños importan porque te importan a ti.

No hay duda de que tendrás fracasos en la búsqueda de tus sueños. Algunos fracasos serán pequeños, otros… bastante grandes. Pero cada caída está ahí para enseñarte algo para el resto del camino. Busca la

lección. Porque la lección tiene una razón de ser. La necesitarás más adelante. Tenla a mano mientras avanzas. Ahora es una bendición.

Tú, hermosa, estás aquí para seguir tu propio camino, para ponerte a prueba, para enfrentarte a tus propios retos y dificultades. Poder hacerlo es un don maravilloso. Si no lo haces, jamás podrás descubrir quién eres en realidad. No malgastes tu don dedicándole tiempo y energía a compararte con esos personajes perfectos que se supone que deberías creerte. Porque en realidad nunca conocerás la historia de alguien más que como crees que la conoces. La vida no deja que nadie pase por ella sin superar obstáculos. Y todos tenemos nuestras propias dificultades. Lo mejor es no menospreciarte con comparaciones con una imagen brillante que tienes de otros. (¿Has visto como he usado la palabra otra vez? Solo quiero asegurarme de que estás prestando atención).

Está bien sentirse cansada, confundida y no saber cuál es el siguiente paso. Así que da un paso atrás y tómate un momento en silencio. Respira, hermosa. Te prometo que volverás con una visión más clara de ti misma.

Todos estamos en un sendero que no deja de cambiar. La historia de tu vida nunca fue un camino recto y fácil de navegar. Regálate el amor y el espacio para tu propia evolución. Puedes cambiar de opinión con todo el corazón. De hecho, espero que lo hagas. Porque si no te cuestionas, te quedarás en el mismo camino, a ciegas, y es más probable que pases de largo una salida que era para ti. Así que, aunque te hayas dispuesto a seguir un sueño, está bien decir: «Aquí ya no estoy bien. Estoy agradecida por la experiencia, pero creo que tengo que llevarme todo lo que aprendí a este otro camino».

Este es un trago amargo. No todo el mundo se va a alegrar por ti. No todos estarán abiertos a tu búsqueda de sueños. A algunas de estas personas las habrás amado. Familia, amigos, gente cercana. Duele. Mucho. Pero necesitas saber que esa es una lección en sí misma. Entiende que te han dado un regalo, el regalo de dejar espacio en tu vida para aquellos a quienes mereces, las personas que creen en ti, tus rocas. Lleva el recuerdo de lo que tuviste en el corazón, comprende que ha cambiado y, con aceptación, sigue tu camino.

Con el tiempo, después de seguir tus pasiones con todo el corazón, puedes sentirte perdida. Irónico, ¿cierto? Es una señal que te dice que es momento de devolver un poco de lo que has recibido. Haz que tu vida sea para alguien más, que sea algo más grande que tú. Nunca te sentirás vacía. Toma lo que has aprendido en el camino y úsalo para levantar a otra persona. No te pongas la presión de llevar tus acciones a una escala mayor. Mantente humilde en tus intenciones. Nunca te arrepentirás de haberlo hecho.

Por último, detente. Mira a tu alrededor. Estás rodeada de personas que hacen el bien de forma discreta, a su manera, todos los días. Aprende de ellos. Inspírate en ellos. Te sorprenderá cuánta belleza genuina existe en nuestra vida si solo nos tomamos el tiempo para estar presentes.

No se puede construir una casa, por muy hermosa que sea, sin buenos cimientos. Espero que uses lo que he escrito aquí como ladrillos. Espero que nunca dejes de hacer preguntas, para que nunca dejes de aprender, para que nunca dejes de crecer.

Y quiero que sepas esto: yo también estaré en mi camino. Cayéndome, aprendiendo, creciendo a tu lado. Porque la única montaña que tenemos que escalar es la propia. Y la subida es eterna.

Esa, querida mía, a pesar de todo el brillo hueco que nos rodea, es la verdadera fuerza y belleza de la vida.

Dilshad Vadsaria es actriz y embajadora de Room to Read.

Tu verdadera vocación

Cabello negro como de cuervo se mecía en su espalda,

ojos con forma de almendra que perforaban con fuerza,

una mirada en sus ojos revelaba historias del pasado,

piel aceitunada hecha de acero,

corazón hecho de pasión.

Estaba orgullosa,

orgullosa de ser de la isla de Puerto Rico,

mirando pacíficamente el azul pálido del mar,

un reflejo de su futuro yo revelado.

Palabras de sabiduría y fe volaron con decisión por

su alma.

Voy a triunfar, voy a seguir mis

aspiraciones y nadie puede detenerme.

Ahora te dice

que ella es tú del más allá,

que mantengas tu historia con vida y sigas siendo tú,

porque, cuando deja de importarte lo que piensan los

demás de ti,

llega la liberación y te ilumina.
Acoge lo que te hace única
Recuerda quién eres…
y nunca lo olvides.

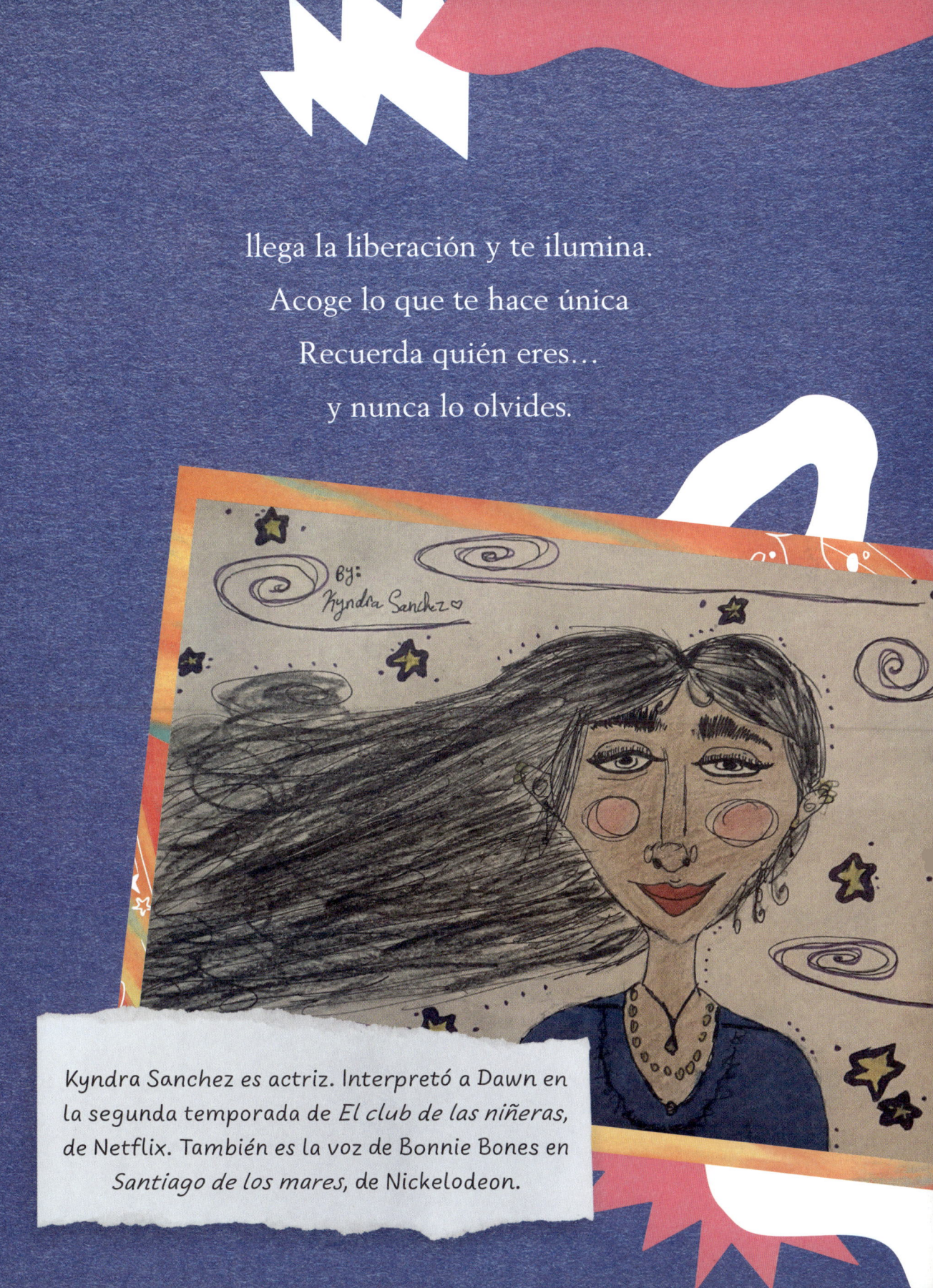

Kyndra Sanchez es actriz. Interpretó a Dawn en la segunda temporada de *El club de las niñeras*, de Netflix. También es la voz de Bonnie Bones en *Santiago de los mares*, de Nickelodeon.

Convertirte en tu propia superheroína

Nací y crecí en Lima, Perú. Cuando tenía cinco años, hice un viaje con mi familia a los Andes peruanos. En ese viaje, cuando mi padre se detuvo para tomar una foto familiar sobre una pequeña roca, me di cuenta de que le tenía miedo a las alturas y no podía posar con los demás en la roca de dos metros. En cambio, lloré al pie de la roca, demasiado asustada como para sentarme junto con los demás.

Crecí en Lima durante un periodo difícil de terrorismo y violencia. Por desgracia también sufrí violencia en mi casa porque era niña.

Cuando me convertí en adulta, dejé Perú para huir de mi dolor, pero el trauma y los recuerdos de mi infancia me mantuvieron atrapada en el pasado. Al fin, le pedí ayuda a mi madre. Volví a Perú para realizar una poderosa meditación, que fue como un sueño.

En esa meditación, tuve una visión de mí misma: la pequeña Silvita llorando en un rincón. Luego me vi como adulta, impulsada a abrazar a Silvita. Cuando nos abrazamos, unas montañas aparecieron de pronto; Silvita me tomó de la mano y las dos caminamos hacia las montañas.

Cuando recobré la consciencia, convertí esa visión en realidad y caminé hasta el pie de la montaña más alta del mundo, el monte Everest.

Al llegar al pie del Everest, sentí una profunda conexión y una sensación de pertenencia. Rodeada por las montañas más altas del mundo, no sentí miedo, sino una sensación de bienvenida. Las montañas me permitieron reencontrarme con mi valentía perdida.

Aprendí que el nombre tibetano del monte Everest es Chomolungma, que significa «madre del mundo». Prometí volver algún día e intentar escalar hasta la cima de la Madre del Mundo.

Decidí escalar los Siete Picos, las montañas más altas de cada continente. Nunca había escalado una gran montaña, así que decidí comenzar con la más sencilla. Supuse que al empezar con la montaña más fácil e ir subiendo la dificultad, tendría la experiencia necesaria antes de intentar subir al Everest, la más alta de todas.

Aprendí que mucha gente se refiere a intentar llegar a la cima de una montaña como «conquistar la montaña». Para mí, intentar conquistar una montaña me parecía imposible. Las montañas existen desde hace millones de años. ¿Quién era yo para intentar dominar la naturaleza?

Yo no veía las montañas como algo por conquistar, sino como templos de la naturaleza. Tenía tanto respeto por las montañas que, para mis adentros, les pedía permiso antes de escalarlas.

También aprendí cuáles son los elementos críticos que pueden terminar con una expedición: el clima, cómo se aclimata tu cuerpo a la altitud y el miedo que puedas sentir.

El clima es incontrolable. Tienes que estar preparada, saber qué hacer si aparece una tormenta inesperada y estar lista para dar marcha atrás si es necesario.

También tienes que estar muy alerta a la altitud. Tienes que buscar señales del mal de la montaña y aprender a tratar los síntomas, sino puedes poner en riesgo tu vida.

El elemento final es el miedo. Aprendí que el miedo se supera al activar un superpoder secreto que todos tenemos, llamado vulnerabilidad.

La primera vez que oí hablar de ese superpoder fue la noche antes de que llegáramos a la cima de la montaña más alta de América, el Aconcagua, en Argentina, que tiene unos 7.000 metros de altura.

La noche antes de que llegáramos a la cima tuve una terrible crisis de jaqueca por la altitud, que era de 6.500 metros. Algunos de mis compañeros tuvieron que volver abajo, y yo me quedé sola en mi tienda. En mi intento anterior de subir una montaña, tuve que resignarme a no hacer cima por el mal clima.

Y, a causa de la jaqueca, temía que no podría continuar, que fracasar por segunda vez sería el fin de mi ambicioso sueño. Tal vez, intentar escalar la montaña más alta de cada continente y, junto con ellas, el Everest, era un sueño demasiado grande para mí.

¿Quién era yo para creer que tenía lo necesario para llegar a la cima? Tal vez no era tan fuerte, a fin de cuentas.

Sentí un enorme duelo en el corazón por todas las inseguridades y el rechazo que habían estado acumulándose en mi vida. Me sentí como una fracasada y comencé a llorar. Empecé a liberar todo mi dolor y no me contuve.

Fue la primera vez que me permití llorar en una montaña. Lloré y lloré. Cuando me quedé sin lágrimas, caí en un sueño profundo. Me rendí ante el dolor, las emociones.

Sin embargo, si alguien hubiera observado aquella noche helada en el Aconcagua desde el cielo, habría visto el cielo lleno de estrellas abrirse sobre mi diminuta tienda y el universo, y al sentir mi dolor, habría comenzado a llover compasión sobre mí.

Cuando desperté al día siguiente, las lágrimas me habían abierto el paso para reconectarme con mi fuerza y continuar hacia la cima de la montaña más alta de América.

Aprendí que llegar a la cima de algunas de las

Llorar no nos hace débiles. Quita el dolor del camino para que podamos perseguir nuestros sueños, para convertirnos en nuestras propias superheroínas.

montañas más altas del mundo exigía renuncia y vulnerabilidad. Está bien sentir miedo y duda.

Aprender a soltar tus emociones y permitirte llorar es esencial. Llorar no nos hace débiles. Quita el dolor del camino para que podamos perseguir nuestros sueños, para convertirnos en nuestras propias superheroínas.

Alcancé la cima del Everest en 2016 y me convertí en la primera mujer peruana en lograrlo, además de la primera mujer gay en subir a los Siete Picos. Al llegar a la cima, se lo dediqué a todas las niñas del mundo. Ahora estoy comprometida a inspirar a las personas a convertirse en sus propias superheroínas.

Silvia Vásquez-Lavado es una exploradora, alpinista y autora peruano-estadounidense.

La historia de Dikyi Tso

Érase una vez una niña llamada Dikyi Tso que vivía en las alturas de la meseta tibetana. Su nombre significaba «lago de felicidad». Su familia pastoreaba yaks y, desde que era muy pequeña, ayudaba a su madre con las tareas de la casa: recolectar el estiércol que usaban como combustible, ordeñar los yaks, hacer mantequilla y queso, cocinar e ir a por agua. La familia tenía unos doscientos yaks, y en primavera, nacían los pequeños yaks peludos. Dikyi Tso jugaba con ellos y los veía perseguirse en el jardín de su familia. Cuando tenía doce años, los llevaba a pastar todos los días y miraba cómo pasaban las nubes y estaba pendiente de los lobos. En verano, el pelo suave, llamado *khullu*, que protegía a los yaks en invierno, se caía y dejaba bolas suaves de pelusa por el pastizal. Los yaks eran el centro de la vida familiar y les daban todo lo que necesitaban: mantequilla, leche, pelo para tejer sus tiendas y carne. A los yaks los llamaban *norlha*, que significa «Dios de la Abundancia» en tibetano.

Un día, nosotras dos, una madre e hija llamadas Kim y Dechen, llegamos a la aldea. Les mostramos a los nómadas que podían usar el *khullu* suave de los yaks de otra manera. Podían hilarlo y tejerlo y transformar el *khullu* en cosas hermosas que les darían nuevas formas de ganarse la vida. Les mostramos un bello chal hecho con el

khullu de nuestros yaks. Construimos un taller en la entrada de la aldea y llevamos telares y ruecas desde muy lejos. Al taller lo llamamos Norlha.

Conocimos a Dikyi Tso, que ya tenía dieciocho años para entonces, cuando fue a Norlha a pedir trabajo. Al cabo de dos años, muchas de sus amigas y primas trabajaban ahí también. Se esforzaban bastante, aprendieron a hilar y tejer y se maravillaban con las cosas que podían hacer con el *khullu* de sus yaks. Comían juntas, jugaban a cartas en sus descansos, y organizaban guerras de bolas de nieve en invierno y de agua en verano. Su familia siguió pastoreando y ella tenía un salario. Por primera vez en la vida, podía ir al pueblo y comprar ropa y zapatos o invitar a sus hermanos a comer en un restaurante sin tener que pedirles dinero a sus padres.

Mucha gente iba a Norlha y admiraba los chales que ella y sus amigas tejían. Están orgullosas de que su trabajo arduo y su talento produzca algo que la gente admira y por lo que está dispuesta a pagar un precio alto. Les encanta tejer bufandas para sí mismas y las combinan con sus vestidos tradicionales. Hoy en día, los chales de Norlha pueden verse alrededor de los cuellos y cabezas de hombres y mujeres en reuniones y festivales.

Dikyi Tso aprendió cosas sobre el mundo que existe más allá de la meseta a partir de las numerosas personas que fueron a ver su trabajo y comprar chales. Sobre todo, siente que tiene un lugar en el mundo y que está ayudando a la gente a disfrutar de las cosas hermosas que fabrica, cosas a las que les guarda cariño, un cariño que viene del mismo lugar que ella.

Kim Yeshi ha pasado los últimos treinta años en Asia, donde ha investigado y fabricado textiles y artesanías. Su hija, Dechen Yeshi, viajó a la meseta tibetana en 2005 para investigar la economía y cultura de la región. Juntas crearon Norlha.

Querida rebelde:

Quiero contarte mi historia lidiando con críticas intensas y cómo eso, en realidad, me hizo crecer. A los quince años, quise crear un emoji de una niña con un hiyab, un velo, un emoji que se viera como yo. Siempre sentí que no había representación de mujeres musulmanas como yo, y lo quería cambiar. Mi camino para crear el emoji era sencillo: escribí una carta de ocho páginas a una organización llamada Unicode Consortium, que se encarga de todos los aspectos técnicos de los caracteres en nuestros teclados, para que incluyeran un emoji con hiyab. En mi propuesta, expuse pruebas de por qué un emoji con hiyab sería importante como representación y demostré que la gente lo usaría. Mi objetivo era darles a jóvenes como yo la oportunidad de verse en sus pantallas y sentirse representadas de forma auténtica. ¡Qué mejor manera de hacerlo que con un emoji!

Mientras realizaba mi propuesta, también hice campañas en los medios. Hablé en conferencias sobre la importancia de la representación digital, me entrevistaron en medios como la CNN, la BBC y el *New York Times,* entre otros. ¡Fue muy emocionante! «Al fin», pensé, «alguien que usa un hiyab va a hablar al respecto en la televisión». Había notado que las conversaciones sobre el hiyab siempre eran negativas y las controlaban personas que no eran musulmanas. Esa era mi forma de reapropiarme de la conversación. La idea recibió apoyo de personas de todo el mundo. Recibí mensajes de jóvenes musulmanas. ¡Hasta recibí el apoyo de Alexis Ohanian, el fundador de Reddit! Sin embargo, una parte de la historia que no esperaba fue la cantidad de negatividad que la gente sintió con respecto al proyecto. En una sesión de preguntas que hice en Reddit, donde compartí mi historia, mucha gente quiso desacreditar mi proyecto y a mí. Hablaban de cómo los hiyabs son opresivos, a pesar de que muchos de ellos jamás habían conocido a alguien que lo usara. Hablaban de que debería de estar agradecida de poder vivir en Alemania.

A pesar de todo, en 2017, se aprobó el emoji con hiyab. ¡Iba a estar oficialmente en nuestros teclados! Estaba encantada. En consecuencia, la revista *Time* me nominó como una de sus «Adolescentes más influyentes». Mi emoción decayó un poco cuando un político austriaco publicó un post en Facebook sobre mi nominación, burlándose y tachándola de «locura».

En un principio, no lograba entender por qué algo tan sencillo, hasta trivial, como un emoji, podía despertar tanto odio entre la gente, incluso entre políticos adultos. Con los años, sin embargo, me insensibilicé a los trolles y acepté el hecho de que, por más que me gustara educar a la gente sobre mi religión, hay una línea muy clara entre la disposición a aprender y la ignorancia voluntaria. Y esa segunda no me interesa.

Lo que más me enseñó fue que ninguna buena idea es aceptada por todos en todo momento. Aprendí que al hacer algo grande y que tenga impacto no puedes agradar a todo el mundo, y que esa nunca puede ser la expectativa. Si tu idea molesta o confunde a la gente, estás haciendo algo interesante. Significa que tu idea es tan grande como para que la gente la cuestione. Yo convertí ese odio en el combustible que me impulsó a seguir hablando de la importancia de tener un diálogo sobre el hiyab.

No quiero ignorar el hecho de que me sentí frustrada y molesta. ¡Claro que me sentí así! Pero poco a poco comprendí que la perspectiva de la gente que no estaba de acuerdo conmigo venía de una consciencia limitada sobre qué es lo que significa el hiyab. En cambio, se basaban en muchas de las ideas falsas que oían en los medios. Eso permitió que mi ira inicial se apagara un poco. Sabía que lo que estaba haciendo tenía mayor impacto que el que pretendía tener cualquier comentario de odio. Tener presente esa creencia me hizo mantenerme firme.

Si puedo dejarte una cosa, que sea que te tomes las críticas a tus ideas como un cumplido.

Con cariño,
Tu amiga Rayouf

Rayouf Alhumedhi es diseñadora, creadora de emojis y escritora. Creció en Arabia Saudita, Alemania y Austria.

Querida yo niña:

Llegaste. Lo lograste. Un montón de cosas aterradoras van a sucederte, pero aprenderás que son parte de tu propósito. Necesito que confíes en el siguiente capítulo. Aunque pueda darte miedo, todo irá bien.

Pero sé muy bien qué es lo que estás sintiendo en este momento. Sientes que no hay salida y solo quieres preguntar: ¿Por qué a mí? ¿Por qué tuvieron que diagnosticarme diabetes? No te mereces esto. Sientes que es demasiado como para soportarlo, pero lograrás aceptarlo y hacer las paces con ello porque sentirás que no tienes otra opción. Un día podrás aparecer en la televisión e inspirar a miles de personas con diabetes tipo 1 porque tú luchaste por nuestro futuro. Gracias por luchar por nuestro futuro.

La diabetes tipo 1 no te define. Es parte de ti y es parte de tu historia, pero no es tu historia completa. Tu historia no está escrita todavía, y nadie puede decirte quién eres o quién puedes llegar a ser. Tú tomas las decisiones que afectan tu vida, y lo mejor es que tú puedes escribir tu propia historia y la historia no se ha terminado aún.

Todo lo que quieres o con lo que sueñas no está decidido. Nadie te lo va a entregar en bandeja de plata. Tienes que trabajar mucho para conseguir que suceda. No será fácil. De hecho, va a ser muy difícil, pero las victorias siempre son más dulces cuando sabes que luchaste y te partiste el lomo por ellas. Va a ser complicado. Habrá sangre, sudor y lágrimas literales, y vas a tener que soportar muchas cosas día a día. Pero en algún momento podrás ver que todo valió la pena.

Sé que estás intentando imaginar una versión de ti misma de mayor, pero esa imagen está borrosa porque temes que tu diagnóstico signifique que todo lo que has imaginado no sucederá. Este diagnóstico te hace sentir que solo luchas por mantenerte a flote, y a veces tienes que fingir que lo logras porque no quieres que nadie sepa cómo te sientes en realidad. Te estás preguntando cómo lidiar con toda la presión y sientes que estás en una batalla constante en contra de tu cuerpo, una batalla que parece no tener fin.

Pero, frente al dolor y todas las dificultades, nunca te rendirás y, gracias a eso, estás cerca de lograr cosas extraordinarias. Serás una atleta increíble en dos deportes, un modelo a seguir y una enorme inspiración para otras personas. Si nos conociéramos, sé que las primeras preguntas que me plantearías no serían sobre entrenamientos, calentamientos o nutrición. Me preguntarías: «¿Cómo fue? ¿Qué se siente al llegar a la cima? ¿Ganar fue tan increíble como nos imaginamos que sería?». Para responder a tus preguntas: sentí miedo, fue increíble y fue difícil, pero valió la pena... y, además, no fue como lo habíamos imaginado y también fue lo que habíamos imaginado. Pudimos estar en ese escenario y dar todo de nosotras, y eso fue inolvidable. Fue solo un instante. Luego volvimos a la realidad y fue como si nada hubiera pasado.

El momento más increíble e inolvidable fue cuando al fin caímos en la cuenta de que ganamos. Ganamos el Campeonato Femenino de American Ninja Warrior.

Sé que te explota la cabeza solo de pensar que participarás en el campeonato American Ninja Warrior, ¡pero en verdad lo vas a hacer! Sé que estarías muy orgullosa de la persona en la que te has convertido, y sé que me he convertido en tu heroína, que es una sensación mejor que la de ganar cualquier título.

Habrá días en los que querrás rendirte, y estarás a punto de hacerlo porque te sientes agotada. Pero no te des por vencida, solo un día más. Y ya. Solo inténtalo una vez más. Con el tiempo, empezarás a ver que a la victoria no le importa quién eres. A la victoria no le importa si te duele o lo mucho que te has esforzado. La victoria no es justa y nunca lo será. La victoria te exige que lo des todo de ti misma y, sin embargo, no te promete nada a cambio. Te hace dudar de todo sobre ti como atleta y persona. Tienes que estar dispuesta a levantarte y pelear. Porque, por más difícil que sea, la victoria es un maratón. La gente va a destrozar tus sueños, pero no te atrevas a creerles. Mantén la mirada fija en tus intenciones. Acepta el trabajo duro, el dolor y la lucha, porque sobrevivir a todo ello te hará más fuerte.

Conforme crezcas, tendrás inseguridades. En vez de estar agradecida por este cuerpo que te ha dado la oportunidad de hacer cosas increíbles, te vas a menospreciar. No te esfuerces demasiado por encajar o por estar a la altura de las expectativas imposibles de los demás. Haz todo lo que puedas por amarte a ti misma, porque tú serás tu crítica más dura. Cuando sientas que no puedes amarte, piensa en que yo sí te amo y que yo siempre tendré amor suficiente para las dos. Siempre serás digna de ser amada. Eres suficiente. Nunca te disculpes por ser quien eres. No eres demasiado, y si hay quien lo piensa, que encuentren a alguien que sea menos. Estoy muy orgullosa de ti y de todo lo que vas a lograr.

Gracias por tantos sacrificios y por haber luchado por crear esta increíble vida que tenemos.

Con amor,
Tu yo de diecisiete años, Katie

Katie Bone es integrante del equipo nacional de escalada libre de Estados Unidos, una American Ninja Warrior y ganadora del Campeonato Femenino de American Ninja Warrior.

Querida niña rebelde:

Ojalá alguien me hubiera dicho lo que yo estoy a punto de decirte: no abandones tus sueños para que otros puedan vivir los suyos. En cambio, persigue tus sueños y eso inspirará a otros a perseguir los suyos.

Cuando tenía tu edad, mi sueño era ser bailarina, para ser exacta, quería ser bailarina de las Knicks City Dancers. Casi todos los días, después de la escuela, inventaba nuevas rutinas de baile en casa. Estaba segura de que con ellas algún día conseguiría una audición. Además de mi sueño, también tenía responsabilidades reales. Mi hermano menor tenía necesidades especiales, mi madre trabajaba muchas horas y hasta muy tarde como trabajadora social. Mi padre no ayudó demasiado: se fue cuando yo tenía tres años, y nosotros nos mudamos de Richmond, Virginia, al Lower East Side de Manhattan (¡qué shock cultural!). Al ser la hermana mayor, ayudaba mucho en casa: lavaba la ropa, organizaba el correo y preparaba la cena para mi hermano y para mí. También tenía responsabilidades de la escuela. En algún momento, dejé a un lado mi sueño de bailar a para poder enfocarme en los roles más inmediatos de ser una buena hermana, una buena hija, una buena alumna y empleada (¡tuve mi primer trabajo a los catorce años!). Estos roles y responsabilidades eran importantes, pero de algún modo olvidé cuánto me gustaba bailar. Antes de darme cuenta, me había convertido en una mujer joven que creía que los sueños eran para los soñadores y que mi papel en la vida era ayudar a todos los demás.

Niña rebelde: no confundas el papel que tienes con la persona que eres. En otras palabras: eres más que tu rol como hija, estudiante, amiga, voleibolista o como sea que te identifiques.

Es tan fácil olvidarlo. En mi caso, estaba tan enfocada en mi papel de «ayudadora» y luego de «cumplidora» que casi olvidé a la niña que amaba bailar.

Casi.

¡No fue hasta después de la universidad, de casarme y de tener dos hijos que lo recordé!

Lo que despertó el recuerdo fue una pequeñez. Un día, estaba en mi coche y mi esposo me envió un mensaje: «Me sorprendió que no hubieras comprado los arándanos». Noté que estaba molesto porque había olvidado comprar un ingrediente importante de nuestros batidos de la mañana. Me detuve, frustrada. Pensé: «Soy más que la proveedora de batidos. En serio, si tanto los quieres, ve a comprar tus propios arándanos». En ese momento de lucidez, la vi: era *yo*, como en un sueño, y estaba bailando.

Ya tenía cuarenta y dos años y tuve que reconocer que bailar con las Knicks City Dancers era más una fantasía que un sueño, pero me hice una promesa de todos modos: «Voy a volver a las cosas que me gustan. Conseguiré tiempo para bailar, aunque sean diez minutos al día».

En un principio, tuve problemas con la confianza en mí misma. Ponía pretextos como: «Tal vez no vale la pena que le

dedique tiempo a bailar porque en realidad no soy bailarina». Verás, estaba convirtiendo «bailarina» en otro rol con el que tenía que cumplir. Una amiga muy inteligente me dijo: «Eve, deja de pensarte como un sustantivo y conviértelo en un verbo. Tal vez no seas una bailarina profesional, pero eres alguien a quien le encanta bailar».

Pequeña rebelde, ¿qué es lo que más te gusta hacer? ¿Cuál es el verbo, esa palabra como «bailar», que te llena de orgullo, alegría, felicidad, sonrisas? ¿Cuál es el verbo que te ilumina o que te tranquiliza en un día lluvioso? ¿Cuál es el verbo al que corres cuando terminas tus deberes y las labores de la casa? ¿Cuál es el verbo que te llama, aun cuando tu familia y amigas no lo aprecian de la misma manera?

Sea cual sea, aférrate a él. No lo sueltes. Si no estás segura de cuál es tu verbo, pruébatelos como si fueran ropa. Descubre qué te queda bien y qué no. No dejes de probarte verbos hasta que encuentres uno que te siente bien, que te haga sentirte tú misma. Y si no, pruébate otro.

Conforme crezcas, la gente seguirá definiéndote a partir de tus roles, y podrán sugerir que dejes de lado tus sueños para enfocarte en esos roles. Cuando pase, resístete. Usa tu voz para hacer oír tus sueños. Cuéntale a una amiga en quien confíes, a una maestra, a una tía, a una vecina qué te hace sentir viva y pídele que te ayude a mantenerte fiel a tu visión.

En una visita familiar reciente a nuestra playa favorita, vi a una niña jugando en la orilla del mar. Se lo estaba pasando en grande caminando hasta que el agua le llegaba a la cintura y recibiendo ahí las olas. A veces la marea la tomaba desprevenida y una ola le rompía en la cabeza y la revolcaba hasta otro lado, desde donde pataleaba otra vez hasta la orilla.

Después de verla durante más de media hora, se escurrió el cabello revuelto y corrió por la playa, junto a donde estábamos. Sonreí y le dije: «Eres muy buena nadadora». Ella se apresuró a corregirme: «Ay, no soy nadadora, solo amo nadar. Siento como si volara».

Pequeña rebelde, una última cosa: siempre habrá, si no es que ya las hay, cosas en tu vida que te parezcan pesadas y aburridas y que, a veces, serán muy difíciles y dolorosas. Esas son cosas normales de la vida. Pero si puedes apoyarte en ese verbo que te hace sentir ligera y despreocupada, como si volaras, lograrás levantarte por encima de tus problemas y tocar el cielo. Y yo estaré aquí abajo, animándote.

Con amor,
Eve Rodsky

Eve Rodsky es experta en gestión organizacional y autora de los éxitos de ventas *Fair Play* y *Find Your Unicorn Space*. Vive en Los Ángeles, California, con su esposo y sus tres hijos.

Descubrir mi legado

Crecí pensando mucho en qué quería ser. No sabía qué era lo que quería, pero tenía grandes sueños. Y aunque esos sueños no dejaban de cambiar, de lo que siempre estuve segura era que quería que mi familia estuviera orgullosa de mí. No podía imaginarme ningún premio que pudiera ser más grande que el orgullo de mis padres.

Casi todos los veranos íbamos a la granja familiar en Huntsville, Alabama, donde nos reuníamos todos. Nunca había pensado en la historia de la granja, hasta que un verano nuestros tíos y tías nos contaron a todos los primos la increíble historia que la familia Crutcher tiene con ese lugar especial.

Aprendí que mi bisabuelo y sus hermanos fueron esclavos en esas mismas tierras. Eran fantásticos granjeros. Hay artículos de periódico sobre las frutas y verduras que cosecharon y con las que ganaron premios. Con el tiempo, pudieron conseguir un préstamo y comprar algo de tierra. Lograron comprar la misma granja en la que habían sido esclavos y convertir esa tierra en su liberación. Les dejaron la tierra en herencia a sus descendientes y, hasta el día de hoy, la de la familia Crutcher es la granja que lleva más años funcionando en Huntsville, Alabama.

Esa historia despertó mi curiosidad sobre la familia de mi padre. ¿Qué más no sabía? Cuando empecé a hacer preguntas, descubrí que mi abuelo, Jack Williams, fue el primer conductor de autobús afroamericano en Dayton, Ohio. Luchó contra la discriminación para alcanzar su sueño.

Trabajó en la compañía de autobuses hasta su jubilación. Al final de su carrera, ya era supervisor en la compañía de autobuses.

De pronto, todos mis sueños parecieron posibles gracias a mi historia. Mis ancestros se enfrentaron a obstáculos increíbles y perseveraron. Su fe nunca flaqueó y se mantuvieron decididos a hacer realidad sus sueños. Y ellos me legaron eso. Ese es mi legado. Seguí haciendo más preguntas sobre mi propia familia y aprendí historias sobre héroes de guerra, músicos famosos y activistas por los derechos civiles. Las historias más maravillosas que conozco son parte de mi legado, y algún día mi propia historia será parte de una rica historia más grande. Ya no paso mis días pensando en qué quiero ser; los paso pensando en el legado que quiero dejar.

Schele Williams es una directora e intérprete de teatro estadounidense.

Querida rebelde:

Cuando tenía unos once años me di cuenta de que no era hetero. Ser «hetero» significa que te gusta alguien del género opuesto, como un chico al que solo le gustan las chicas o una chica a la que solo le gustan los chicos. En 2018, les dije a mi familia y amigos que era lesbiana. Decirles a tus seres queridos cuál es tu identidad se llama «salir del armario» o «salir del clóset».

En ese entonces, denominarme lesbiana significaba que era una chica a la que le gustaban otras chicas. Me gustaba una chica y me di cuenta de que no me gustaba un chico desde hacía años. Sin embargo, con el paso del tiempo, me llegaron a gustar chicos e incluso personas que no se identificaban como chicos o chicas. Así que, después, salí del armario como bisexual.

Mi experiencia es un ejemplo de que no eres la misma persona durante toda la vida. ¡Mi orientación sexual, o quién me gusta, podría cambiar otra vez! A estas alturas, me dejo llevar por la corriente y no me estreso, porque sé que la gente de la que me rodeo me aceptará sin importar quién sea o quién me guste. Pero salir del armario fue mucho más fácil para mí que para la mayoría de la gente a la que conozco. La verdad, quizá menos de la mitad de mis amistades se lo han dicho a sus padres. Sea porque no son hetero o porque tienen una identidad de género distinta a la que les asignaron al nacer, una buena parte de mis amistades sigue «dentro del armario», lo que significa que no les han dicho a sus seres queridos cuál es su verdadera identidad.

Mis padres me dejaron muy claro que, sin importar quién resultara ser, me aceptarían como soy, así que pude salir sin el temor de que me rechazaran. Pero muchas de mis amistades tienen padres que están muy en contra o no tienen educación sobre la comunidad LGBTQ+ (que incluye a las personas lesbianas, gay, bisexuales, transgénero y más). La gente le teme a lo que no conoce, y si no tiene educación en ciertos temas, en especial en los relacionados con la comunidad LGBTQ+, tienden al desprecio simplemente porque no lo entienden.

La identidad de género y los pronombres suelen provocar confusión, pero no son cosas tan complicadas cuando comienzas a aprender al respecto. Por ejemplo, alguien que no es un niño ni una niña puede decir que es no-binarie. A veces, las personas no binarias usan la letra «e» en sus pronombres. ¡No es un cambio tan grande! Un pronombre es la palabra que alguien usa para referirse a ti. Por ejemplo, si yo olvidara mi abrigo, alguien podría decir: «*Ella* olvidó su abrigo». Y si mi padre olvidara su abrigo, diríamos: «*Él* olvidó su abrigo». Pero, si no sabes quién olvidó el abrigo, dirías: «Alguien olvidó su abrigo; deberíamos devolvérselo». Fíjate en cómo no dije si la persona que olvidó su abrigo fue un chico o una chica. Muchas personas no-binarias se sienten más cómodas cuando les llaman

Me dejo llevar por la corriente y no me estreso, porque sé que la gente de la que me rodeo me aceptará sin importar quién sea o quién me guste.

«elle», porque no se sienten como una chica ni como un chico, así que el que los llamen «él» o «ella» no les va muy bien.

Estos términos pueden seguir siendo confusos y tal vez no lo entiendas todo de inmediato. ¡No pasa nada! Lo más importante es que te asegures de intentar entenderlo de verdad y no te cierres a las cosas que parezcan confusas. Es probable que conozcas a una persona LGBTQ+, así que intentar aprender sobre esa persona es una de las mejores formas en que puedes darle apoyo y hacerle sentir amor. Si no eres parte de la comunidad LGBTQ+, entonces lo que tienes que ser es una aliada. Una aliada es alguien que apoya a otras personas, aun si es diferente a ellas. Ser aliada de la comunidad LGBTQ+ es ser alguien que acepta a las personas que podrían no tener la misma orientación sexual o identidad de género que tú.

No necesitas entenderlo desde ya, pero sí necesitas esforzarte todo lo que puedas por aceptar y amar a las personas, incluso si son distintas a ti.

Con amor,
Molly

Molly Pinta es una estudiante y activista de Buffalo Grove, Illinois. Después de asistir a una marcha del orgullo a los doce años, organizó una en su propia ciudad. Junto con su familia, dirige el Pinta Pride Project, una organización que celebra, destaca y normaliza la comunidad LGBTQ+ de una forma adecuada para toda la familia.

Querida rebelde:

Cuando tenía tu edad, sufrí *bullying*. De camino a la escuela, algunas veces no me atrevía siquiera a alzar la cabeza porque los *bullies* coreaban insultos hacia mí. Me molestaban porque mi familia era pobre. Me molestaban porque mi piel era más oscura que la suya, pues tenía que trabajar muchas horas en los campos de arroz de mi familia y caminar por las calles de la ciudad vendiendo verduras. Me molestaban porque era como una intrusa: mi familia se había mudado de un pueblo pequeño a una ciudad a más de 1.500 kilómetros de distancia.

Hubo varios momentos en los que lloré. Me sentía completamente sola. No me atrevía a contárselo a mis padres porque ellos también estaban atravesando momentos difíciles. Y tenía miedo de levantar la voz en contra de los *bullies* porque eran demasiados.

Por fortuna, mi familia tenía una estantería que mi padre construyó con bambú que había cosechado de nuestro jardín. Mis padres eran ávidos lectores y llenaron la estantería con historias escritas por autores vietnamitas y literatura traducida. Devoré todos esos libros. Los leí hasta que las tapas se les cayeron y mi padre tuvo que usar cartón para arreglarlos, y mi madre tuvo que coser las páginas de nuevo.

Al mirar atrás, sé que el amor de mis padres y los libros que me permitieron leer me ayudaron a recuperar mi voz. Aprendí que, cuando tengo mi voz, estoy viva.

Ya que tú eres una niña rebelde, tienes una voz poderosa que el mundo necesita escuchar. Tu voz y tu historia pueden ser una

inspiración para otras. Has desafiado tus circunstancias y decidiste construir tu vida de la forma que quieres. Por favor, no te olvides de la fuerza que tienes en tu interior. ¡Nadie puede quitártela! Pase lo que pase, siempre habrá personas que te apoyen, que te amen de forma incondicional y que te alienten.

Y nunca olvides que no estás sola. Estamos juntas en esto. Somos niñas rebeldes. Somos las que desafían a sus destinos. Todas llevamos una linterna dentro que puede iluminar nuestro camino y el de otras.

Veo tu luz. Veo la fuerza que hay en ti, la niña maravillosa que eres y la increíble mujer en la que te convertirás.

Espero que estés apuntando muy alto y que trabajes muy duro para llegar hasta allá. Cuando tenía tu edad, soñaba en convertirme en escritora. Pero la vida me puso enfrente varios retos y me obligó a hacer muchos tipos de trabajos para sobrevivir. Al fin volví a mi sueño de escribir cuando tenía treinta y tres años. Me alegra mucho no haber dejado atrás mi sueño, porque la escritura me ha permitido recobrar mi espacio, alzar la voz y luchar por las personas que han sido menospreciadas.

Escribir también me permitió escuchar mejor y ser empática con las experiencias de otros. Alguna vez les tuve rencor a mis *bullies*, pero cuando me convertí en escritora, investigué y aprendí sobre las experiencias terribles que ellos y sus familias tuvieron que soportar. Entonces comprendí las razones de sus acciones. Entendí en ese momento que era necesario aceptar las historias de todos, incluso de las personas que alguna vez me desagradaron.

En mi novela *El canto de las montañas,* a Hu'o'ng, una niña de doce años, le encanta leer. Ella ve el poder de las historias. Y ella misma dice: «De algún modo, estoy segura de que, si la gente estuviera dispuesta a leerse y ver la luz de otras culturas, no habría guerras en el mundo».

Las integrantes de la comunidad de niñas rebeldes provienen de culturas distintas. Tenemos tanto que compartir unas con otras para poder unir a las personas de todos lados y cultivar el amor y la paz mundial. ¡Gracias por todas estas historias! Y espero poder conectar contigo algún día, escucharte y saber que has encontrado la fuerza que tienes dentro.

Con mucha luz y amor,
Nguyễn Phan Quế Mai

La Dra. Nguyễn Phan Quế Mai es una escritora vietnamita. Es autora de doce libros de poesía, ficción y no ficción.

Moverse a través del miedo

En clase de Educación Física, en primaria, corríamos alrededor de la escuela. Muchos niños intentaban adivinar quién ganaría. La primera vez que lo hicimos, todo el mundo eligió a los niños. «Las niñas no pueden correr tan rápido como los niños», decían.

Un día me harté. Yo era igual de rápida que los niños… e incluso más rápida que muchos de ellos. Aunque nadie dijera mi nombre al intentar adivinar a los ganadores, yo me iba a asegurar de terminar al frente de todos.

Los nervios me recorrían el cuerpo mientras estiraba. No podía demostrarlo, pero tenía miedo. ¿Y si no ganaba a los niños? ¿Y si no era tan buena como creía?

Pero cuando nos preparamos para empezar a correr, me saqué todos esos miedos de la cabeza. Sabía que podía hacerlo y lo iba a demostrar.

Comenzamos a correr y muy pronto estuve al frente del grupo. Los músculos me ardían y los pulmones me dolían. Rebasé personas a diestra y siniestra, niños y niñas por igual. Cuando nos detuvimos al final de la carrera, jadeando, los tres primeros lugares estaban muy claros: dos niños… y yo.

«Para la próxima», pensé, llena de satisfacción, «la gente apostará por mí».

Más de veinte años después, sentí los mismos nervios que tuve en primaria antes de correr. Pero, esta vez, no había nadie en la pista más que mi entrenador y el sol no había salido todavía. Había una brisa húmeda en el aire. En la distancia, podía oír cantar a los grillos. Comencé a calentar para mi entrenamiento de atletismo.

Para ese momento, ya había ganado seis medallas olímpicas y once campeonatos mundiales. Entonces, ¿por qué entrenaba nerviosa y escondida bajo el manto de la oscuridad? Estaba

embarazada y temía que, si la gente se enteraba, perdería mis patrocinios.

Un patrocinio es cuando una compañía y una atleta trabajan juntos para promover una marca. La atleta recibe equipación y dinero del patrocinador, y el patrocinador recibe publicidad para sus productos, como sus zapatillas para correr o su ropa deportiva. De ahí es de donde viene la mayor parte de mi dinero.

Cada patrocinio tiene sus propios términos. Puedes recibir un enorme bono si ganas una medalla. Pero, si no ganas suficientes carreras, podrían pagarte menos. Da igual si estás enferma, lesionada… o embarazada.

Por esa razón, había visto a muchísimas de mis compañeras de equipo hacer lo mismo que yo: entrenar en secreto, usar ropa holgada y prepararse para volver a competir lo antes posible después de dar a luz. En vez de una parte normal y emocionante de la vida de una atleta, el embarazo se convirtió en algo vergonzoso y aterrador.

Me aterraba por decirle a mi patrocinador que estaba embarazada. Ese mismo año ya me habían ofrecido menos dinero que antes. ¿Se rebajaría más aún si descubrían que iba a tener un bebé? Aunque estaba asustada, sabía que tenía que pedir la cantidad que en verdad valía y que tenía que contarles que estaba embarazada. En algún momento dejaría de poder ocultarlo. Así que me armé de valor y les pedí que no redujeran mis pagos si perdía una carrera durante el primer año después de haber dado a luz.

Lo que ocurrió después podría parecer una victoria y también podría ser el final de esta historia: la compañía aceptó.

Pero solo para mí.

La promesa que me hicieron fue la excepción, no la regla. A otras atletas aún podían pagarles menos si decidían quedarse con su hija enferma en vez de participar en una carrera, o si el médico les decía que no estaban listas para competir todavía. Eso no era aceptable.

Para entonces, yo ya había dado a luz a mi hija, Camryn. La miré, a mi increíble niña. Pensé en mí misma cuando era pequeña, preparándome para competir contra los niños en una carrera alrededor de la escuela. Supe que tenía que seguir luchando, por Camryn, por todas las niñas y mujeres a las que les han dicho que no pueden hacer las cosas con las que sueñan.

¿Tenía miedo? Claro que sí.

¿Alcé la voz de todos modos? Por supuesto.

Usé mi voz para escribir un artículo en el que protesté contra el trato a las atletas embarazadas. Otras corredoras sumaron sus voces. Juntas, exigimos un cambio.

Nuestro patrocinador nos escuchó, y también lo hicieron otras compañías. Aceptaron mejorar las condiciones de sus atletas: no nos pagarían menos si decidíamos quedarnos embarazadas. Fue un paso hacia el mundo que quería para mi hija.

Cuando alzas la voz a favor del cambio, es aterrador. Pero el miedo es lo que te hace saber que es algo por lo que vale la pena luchar. Moviéndote a través del miedo es como consigues llegar al mundo que quieres ver.

Allyson Felix es una velocista estadounidense. Es ganadora de once medallas olímpicas y veinte campeonatos mundiales.

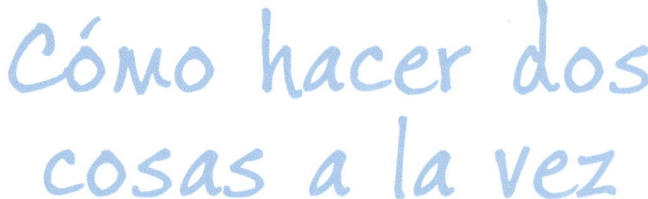

Cómo hacer dos cosas a la vez

Cuando comencé a bailar a los doce años, me encantaban todos los aspectos de la danza. Amaba la música, amaba cómo me podía expresar de formas en que no podía hacerlo con palabras y adoraba lo natural y auténtico que se sentía el movimiento.

Continué esforzándome en el ballet, pero comencé a enfrentarme a un reto que me hacía perder la esperanza. Las demás niñas con quienes bailaba habían estado practicando desde muy pequeñas… ¡algunas desde los dos o tres años! Pero yo llegué más tarde. Algunas personas me dijeron que eso significaba que nunca sería una bailarina profesional. Estaba devastada, pero no me di por vencida.

La esperanza es un don muy poderoso. Empecé a esforzarme más que nunca. Estaba motivada para demostrar que era posible seguir en el ballet y así otras niñas podrían creer en el futuro de sus sueños también. Pero no fue fácil.

Cuando llegué a la universidad para estudiar Física, sentí que tenía que esconder mi lado artístico. A pesar de que seguía bailando, mis compañeros de clase se tomaban la ciencia muy en serio, y la pasión artística que yo sentía parecía cursi y boba en comparación. Para colmo, estudiar Física me resultó muy difícil. El tema me fascinaba, pero era difícil de aprender. *Si te dedicas por completo a los estudios, tal vez seas una mejor científica*, fue el mensaje que recibí de algunos profesores y compañeros. Parecía que el mundo me pedía que tomara una decisión: la física o la danza. ¿Pero cómo podía dejar uno de esos intereses cuando los dos me hacían tan feliz?

Cada vez que intentaba dejar la danza, gravitaba de vuelta hacia ella. Sin bailar, no era tan feliz y mis calificaciones bajaban. En pocas palabras, mi vida se sentía menos plena.

Con ayuda de algunos grandes mentores que creyeron en mí, tanto en la danza como en la ciencia, entendí algo muy importante: la perfección es reemplazable. Una coreógrafa siempre puede encontrar a otra bailarina que pueda hacer un jeté o una pirueta perfectas, y un director de laboratorio siempre podrá encontrar a otra estudiante con calificaciones perfectas. Pero ser diferente es irremplazable. Si tú puedes ofrecer algo que nadie más puede, eso te da una fuerza incomparable. La decisión de seguir bailando y estudiando me hizo única.

Con el paso de los años, he bailado en compañías de ballet y trabajado en laboratorios de todo el mundo, pero también he podido combinar mis intereses. En 2020, empecé a bailar con una pareja un poco peculiar: ¡un robot! El resultado fue una mezcla de arte y tecnología que nunca había visto. Hay mucha belleza en las artes, pero la hay también en la ciencia. Hacer dos cosas a la vez es posible y, juntas, pueden crear algo realmente nuevo y diferente.

La Dra. Merritt Moore es profesora de la Universidad de Nueva York, campus Abu Dhabi, y bailarina profesional de ballet en la Compañía de Ballet de Boston. Tiene títulos en Física de las universidades de Harvard y Oxford.

Querida rebelde:

Mientras escribo esta carta, pienso en las miles de maneras en que podría ayudarte ahora, en las diferentes fases que estás atravesando. Quisiera compartir contigo algunos consejos a partir de mis propias experiencias con la esperanza de que sean de ayuda en el largo camino que tienes por delante.

Primero, quiero contarte algunas cosas sobre mí. Me llamo Isidora y vivo en Chile, en Sudamérica. Al igual que tú, soy una niña rebelde. Y uno de mis mayores sueños es hacer que todo el mundo sienta que pertenece a algún lugar. Sé que suena descabellado y quizá te estés preguntando: «¿Cómo llegó a ser ese tu sueño?» Cuando empecé en este camino, mucha gente no lo entendía. Pero eso no me sorprendió. Siempre me consideré una chica que no encajaba en el molde de las expectativas de los demás. Nací con una discapacidad física que me hace caminar distinto a los demás. Por eso, he tenido varias experiencias que otras chicas no vivieron. Por ejemplo, voy al doctor con mucha frecuencia, hago mucha fisioterapia y utilizo herramientas muy específicas que me ayudan a caminar. No siempre ha sido fácil para mi familia, pero se ha convertido en parte de nuestra rutina, como ir a la escuela o hacer tareas en casa.

Nunca consideré que mi discapacidad fuera algo malo ni algo que desearía no tener. Así como hay gente que necesita gafas para ver, yo necesito un andador para moverme... nada más. Cuando empecé a pasar más tiempo lejos de casa, me di cuenta de que las personas veían mi andador como algo de lo que hablar o como una razón para tratarme de forma distinta, a pesar de que no me conocían.

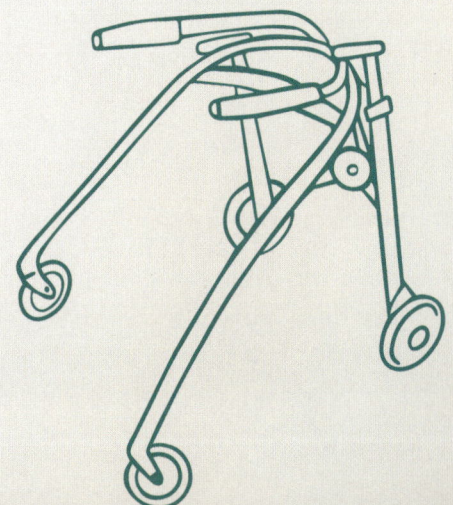

Y ese es uno de los primeros consejos que quisiera dejar aquí: en este mundo, habrá muchas personas que no entiendan por qué otras no se ajustan a sus expectativas de lo que es «normal».

¡Pero nadie es normal! Cualquiera que piense lo contrario solo espera que todas las personas se parezcan, que se vean y hagan las cosas igual. Pero eso nunca sucederá en una sociedad tan diversa como la nuestra, en la que todos somos distintos en muchos sentidos. Ser diferente es algo bueno, porque podemos aprender sobre distintos tipos de personas; podemos aprender a escuchar, tolerar, ser empáticos y a trabajar juntos para mejorar nuestra sociedad.

Tienes que saber que siempre serás importante y que nadie puede arrebatarte tus sueños; y, si lo intentan, no deberías dejar que esa persona esté en tu vida. Cuando tenía doce años, en la escuela, sentía que no encajaba. Mis compañeros no intentaban entenderme. Me excluían y no querían estar cerca de mí. Mis maestras no sabían cómo manejar la situación y mis padres intentaban ayudar, pero las cosas no hicieron más que empeorar. Decidimos que la única forma de detener el *bullying* era que dejara esa escuela. Y así comenzó una larga búsqueda de una escuela que me aceptara como soy. Fue difícil. Pocas escuelas estaban equipadas para alguien como yo. Creí que todo era mi culpa y que yo era la responsable de haber nacido así, pero eso no era cierto. La realidad es que nunca debes de avergonzarte de quién eres, de lo que te gusta o de tu apariencia; eres única, y eso es lo que importa. Imagina un mundo en el que todos fuéramos iguales y nada fuera especial. ¿No sería muy aburrido? No podrías disfrutar de todo lo que el mundo puede ofrecerte.

Al fin encontré una escuela que no veía mi discapacidad como un problema, sino como algo que era parte de mi identidad. Eso me hizo entender que hay cosas que no puedo controlar. Por ejemplo, el que tenga una discapacidad es algo nuevo y desconocido para otras personas. Pero, al mismo tiempo, mi discapacidad no es mi culpa y, en realidad, es la mejor forma que tengo para contribuir a una sociedad más inclusiva.

Cuando estaba por terminar mi primer año en la universidad, gracias al apoyo de mis padres y de mi profesora de tecnología, pude crear una solución innovadora para ayudar a las personas con discapacidad a encontrar lugares de estacionamiento con más facilidad. Y así nació Find Your Place, una app que utilizaba sensores en los estacionamientos para transmitir información a sus usuarios. Por desgracia, a causa de la pandemia, no pudimos poner en práctica la app. Pero eso no me disuadió. En vez de rendirme, transformé mi idea en una plataforma en línea. Por supuesto, no podía hacerlo sola, así que creé un concepto para invitar a personas de todas partes a contribuir con acciones e ideas para crear cambios en nuestra sociedad. Estas personas son «Agentes Inclusivos». En tres años de trabajo, más de sesenta personas se han involucrado en el proyecto, en Chile y en el extranjero, y estoy muy agradecida por haber trabajado con todas ellas. Todo este trabajo me ha llevado a diversos espacios como defensora de la inclusión. Naciones Unidas me nombró una de los 17 Jóvenes Líderes por los Objetivos de Desarrollo.

Por último, haber vivido esta experiencia me permite compartir mi último consejo. La vida está llena de momentos buenos y malos, pero siempre nos deja con algo. Hay algunos problemas que no podemos controlar; lo que sí que podemos hacer es enfrentarlos y aprender a crear cambios.

—Isidora

Isidora Guzmán es una activista chilena por la inclusión y la igualdad de género. Es la fundadora de la organización Find Your Place.

Querida rebelde:

Crecer es bastante extraño. Parecen ser los mejores y los peores años de tu vida al mismo tiempo. Habrá días en los que no puedas explicar lo que sientes. ¡A veces solo querrás gritar! Sientas lo que sientas, es válido, y nunca deberías avergonzarte de tus emociones. Esas emociones son la forma de que te descubras a ti misma. Te permiten ver las cosas desde un punto de vista distinto. Cuanto más aprendamos de forma interna, mejor comprenderemos lo que sucede más allá de nosotras mismas.

Algo que me ha ayudado a entenderme mejor es pensar en mi cuerpo como un fluido. Como si fuera una marisma en la playa. Hay varias marismas conectadas en una playa, pero a veces se llenan y el agua se enturbia mucho. Mi trabajo es entender por qué se cubre la marisma y limpiarla con olas nuevas para mantener el flujo de mi energía.

Nuestra vida entera es un viaje de autodescubrimiento. Vivimos en constante cambio. Es normal. No sientas la necesidad de cambiar para otras personas. Si estás orgullosa de algo, ¡que no te avergüence admitirlo! Es importante que entiendas cuánto vales y que eres poderosa. Puede sonar cursi, pero el amor en verdad es una fuerza gigantesca. ¡Y está más que bien que te ames!

Siempre he tenido problemas sintiéndome cómoda con mi propia identidad. Pero cuando pienso en mis marismas internas, puedo ver que tal vez las olas tengan que ser más salvajes para poder llevarse la suciedad. Me esfuerzo por recordar que no debo de tomarme tan en serio. Es más fácil flotar así en aguas revueltas. Cuídate, cuida a los demás y recuerda que la marea podrá ser fuerte, pero esas olas pueden llevarte a los lugares más inesperados.

Humildemente tuya por siempre,
Riley

Riley Lai Nelet es actriz; protagonizó la serie *Paper Girls*.

Querido diario:

Hoy, mis chicas de la selección femenina de fútbol de Afganistán han conseguido liberarse del enemigo. Este enemigo le teme al empoderamiento y desarrollo de las mujeres. Este enemigo son los talibanes.

En agosto de 2021, Afganistán cayó en manos de los talibanes. Desde entonces, han prohibido la participación de las mujeres en cualquier deporte o actividad social. Comenzaron a buscar a las mujeres activistas para castigarlas.

El corazón se me hizo pedazos al pensar en mis chicas, mis bellas hermanas, en Afganistán. Organicé peticiones públicas y pedí a distintos gobiernos que me ayudaran a alejar a mis hermanas del peligro.

Tuve la suerte de que no tomara mucho tiempo. A través de los contactos en el mundo del fútbol, logramos ayudar a más de 300 futbolistas y a sus familiares a salir de Afganistán.

Las chicas están jugando a fútbol otra vez y persiguen sus sueños en otros países, como Australia y Reino Unido. Más importante aún, ahora tienen la libertad para ejercer sus derechos humanos fundamentales.

Yo las entreno y las guío, a veces en persona y a veces de forma virtual. Es muy importante que vaya a apoyarlas, porque yo viví la experiencia también y entiendo por lo que han pasado.

Siempre he usado mi plataforma para lograr cambios en la vida de las personas, sobre todo de las mujeres. He estado al frente de muchas campañas, luchando por incluir a las mujeres en el fútbol, por terminar con los abusos y la corrupción en el deporte y para evacuar a las futbolistas afganas.

Estos casos recibieron atención y apoyo internacionales, pero yo aún pienso en una escena que sucedió hace diez años, cuando recibí un tipo de atención muy distinto.

Estaba sentada en mi escritorio. Había sido elegida directora de finanzas de la Federación Afgana de Fútbol y directora del primer equipo de fútbol femenino. Fui la primera mujer empleada por la Federación.

La oficina estaba callada, muy, muy callada. Estaba en una habitación con quince hombres que estaban en completo silencio. Nunca habían trabajado en la misma oficina que una mujer, y estaban indignados. Los verdaderos problemas empezaron cuando se dieron cuenta de que, como directora de finanzas, mi trabajo era pagarles. «¿Recibir nuestro salario de una niña de veintidós años? ¡Eso es un insulto a mi honor!», se quejaron cuando llegó el día.

Ese día le anuncié a todo el mundo: «Nadie recibirá su salario a menos que venga a mi escritorio y reciba el cheque de mis manos».

Sentí mi poder como mujer.

Pero fue solo por unas cuantas horas. Los días pasaron y ninguno de los hombres había ido a por su cheque. Las semanas se convirtieron en meses.

Su indignación creció. Murmuraban insultos cuando pasaban frente a mi escritorio. Comencé a llevarme a casa una maleta con todos mis cuadernos y mi ropa de fútbol para evitar que me los robaran. «Tú sabes cómo sobrevivir a esto»,

KHALIDA POPAL

me dije. Cuando jugué para la selección nacional, la gente me tiraba piedras. Recibí insultos horribles y hasta amenazas de muerte.

Todo porque nos negamos a dejar de jugar a fútbol.

Al fin, después de tres meses de esperar, mi primer colega vino a recoger su cheque. Se lo puse de forma muy respetuosa en sus manos. Por dentro, estaba celebrando una victoria increíble. Les había mostrado a esos hombres que iba a mantenerme firme y exigí que me vieran como su igual.

Y la victoria de hoy es todavía mayor.

A pesar de que tuve que huir de mi hogar porque temía por mi vida, lucho por los derechos de las niñas y de las mujeres todos los días. Mi misión de empoderar a las mujeres y las niñas a través de la educación y el fútbol continúa. Mi mayor satisfacción es saber que las ayudo a perseguir sus sueños a pesar de las adversidades. A pesar de las miradas, a pesar de los insultos, a pesar de las amenazas y las pedradas. Ayudo a darle voz a quien no la tiene, y cada día nos acercamos más a un mundo en el que las mujeres tengan derecho a ser iguales y estar activas.

Siempre tuya,
Khalida Popal

Khalida Popal fue capitana de la selección nacional de fútbol de Afganistán y fundadora de la organización Girl Power. En 2011, se vio obligada a huir de Afganistán y ahora vive en Dinamarca.

Querida niña rebelde:

Tengo un mensaje muy sencillo para ti: haz las cosas que te gusta hacer porque te gusta hacerlas, no por ninguna otra razón. Ese amor a hacerlas te sostendrá en los buenos momentos y en los malos. El amor es una energía poderosa.

Me encanta dibujar desde muy pequeña. Mi madre me alentaba y jugaba conmigo de formas que me empujaban a continuar con el arte. Mi juego favorito era el de los «Garabatos». Mi madre hacía un garabato en un pedazo de papel; yo tenía que mirarlo y crear algo a partir de él. Luego yo hacía un garabato para ella y mi madre hacía lo mismo que yo. Siempre quedaba sorprendida con las cosas increíbles que mi madre podía crear con mis pequeños garabatos. Aprendí mucho de ella. También le encantaba dibujar cuando era pequeña pero nadie la animó a hacerlo. Creció en los años 20 y 30, durante la Gran Depresión, criada por un abuelo al que le parecía que educar a una niña era una pérdida de tiempo. La sacó de la escuela cuando estaba en secundaria. Mi madre se aseguró de que yo pudiera soñar en grande y hacer lo que amara. ¡Y eso hice!

Seguí mi sueño de trabajar en animación.

Aunque era una de las pocas mujeres que había en mi clase de artes en el instituto en el que estudiaba animación, hacía lo que amaba y aprendí mucho de toda la gente que me rodeaba. Aprendí que, además de dibujar, me encantaba contar historias con los dibujos. A pesar de que era la única mujer en el Departamento de Historias cuando me contrataron en Disney, apenas si me di cuenta, porque estaba haciendo

lo que me gustaba hacer. No me había enterado de que era la primera mujer a cargo del Departamento de Historias en Disney porque solo pensaba en que *El rey león* fuera lo mejor posible, junto con los demás artistas y escritores… y en el proceso descubrí que también me encanta escribir. Dejé Disney para ayudar a levantar DreamWorks Animation, porque era una oportunidad de crecer y aprender. Fue ahí donde descubrí que también me gustaba dirigir. No me pasó por la cabeza que era la primera mujer en dirigir una película animada para uno de los grandes estudios de Hollywood (*El Príncipe de Egipto*). Lo hice porque amaba hacerlo.

Cuando comencé a crear *Valiente,* no fue porque quisiera ser la primera mujer en dirigir una película de Pixar y ganar un Óscar, un BAFTA y un Globo de Oro por una película animada. ¡Ni siquiera pensé en esas posibilidades! Los premios y elogios no eran lo que me importaba.

Lo que me importaba mientras hacía *Valiente* eran tres de mis amores.

Uno era mi amor por los cuentos de hadas y las historias populares —las oscuras narrativas populares de hace mucho tiempo— con toda su magia y misterio.

Otro era mi amor por Escocia, que es una parte diminuta de mi identidad, pero una con la que siento una profunda conexión dentro de mi corazón.

El más importante era mi amor por mi hija, ¡el amor más grande de mi vida! En realidad, creé *Valiente* para ella. Estuvo completamente inspirada en ella. Tenía cinco años en aquel entonces. Era impetuosa, voluntariosa, divertida, ¡y se resistía a todo lo que le decía! Era una alegría, una frustración y un rompecabezas casi imposible, una montaña de contradicciones. Yo tuve una relación muy diferente con mi propia madre. Por lo general, la escuchaba cuando me decía que hiciera algo, como «Lávate los dientes» o «Fuera de la cama, que es hora de ir a la escuela». Mi hija se resistía a absolutamente todo. Cada mañana me iba a trabajar pensando, «Si es así a los cinco años, ¿cómo será cuando llegue a la adolescencia?».

Así fue como el personaje de Mérida tomó forma en mi imaginación.

Si ves *Valiente* a través del lente de mis amores, puedes verlos todos con mucha claridad.

Por cierto… ya que mi hija era tan fuerte e independiente, quise romper con todas las reglas de los cuentos de hadas y dejar que la princesa decidiera su propio destino, en vez de permitir que apareciera un guapo príncipe, la salvara y luego decidiera por ella. Las mujeres podemos decidir solas qué es lo que queremos de la vida.

Los premios y reconocimientos —«la primera mujer que hace esto» y «la primera mujer en hacer aquello»— no tuvieron nada que ver con mis ambiciones o metas. Yo solo quería dibujar y contar historias y resultó que era muy buena y tuve un poco de buena suerte en el camino. También hubo un poco de mala suerte. Así es la vida.

Haz algo que te gusta porque te gusta hacerlo… Y no permitas que nadie te diga que no puedes hacerlo porque eres una chica. Mi madre me dio ese regalo por amor, porque nadie se lo dio a ella. Y yo quiero compartirlo contigo.

Sé amable. Esfuérzate. Comparte tus dones con el mundo.

Con amor,
Brenda

Brenda Chapman

Brenda Chapman es una animadora, guionista y directora estadounidense.

Querida niña rebelde:

Si pudieras escribir una historia sobre la persona en la que te habrás convertido en veinte años, ¿cómo sería? ¿Sería una historia de emocionantes viajes y exploraciones? ¿Te convertirás en una brillante y dedicada científica que cambiará el mundo con sus descubrimientos? ¿O en una alocada y creativa artista que inspira a otras niñas como tú con sus palabras o creaciones? ¿Tienes grandes sueños y estás dispuesta a perseguirlos incluso si te dan algo de miedo? ¿Haces las cosas que más felicidad te aportan, que le dan sentido y propósito a tu vida? ¿En quién esperas convertirte?

Basándome en mi camino hacia convertirme en una mujer rebelde, te escribo para darte unos consejos para la travesía hacia la mujer rebelde de tu propia historia. Primero, te recomendaría que te conozcas a ti misma. A esto se le llama tener autoconsciencia. Descubre tus pasiones, lo que te alegra el alma y te dibuja una sonrisa en la cara. Quizá lo que te haga feliz sea explorar o, tal vez, crear y construir cosas. A lo mejor lo que te alegra el corazón es dibujar. Prueba con varias cosas hasta que te descubras a TI.

Una forma de llegar a conocerte es tener curiosidad sobre las demás personas en vez de juzgarlas. Juzgar dice más sobre tu carácter que sobre la otra persona. Siempre deberías asumir que las intenciones de la gente son buenas y, si no estás de acuerdo con algo, hacer preguntas. Hacerlo te llevará a entender mejor a los demás y a ti misma también.

Una vez que te conozcas mejor, ¡sé TÚ misma! Se dice con frecuencia que solo hay una tú, y es cierto. No hay nadie más como tú.

Al conocerte y ser quien eres, puedes encontrar tu propósito en el mundo. ¿Quieres explorar el universo en representación de todos

los terrícolas? ¿Quieres ayudar a curar a gente a través de la investigación médica? ¿Quieres darles un techo y ropa a quienes no tienen? ¿Qué trabajo harías, incluso si no te pagaran mucho por él, porque te hace feliz? Encontrar tu propósito puede llevarte algo de tiempo, pero, una vez que lo decidas, vívelo. Vivir tu propósito hará que tu trabajo sea más fácil y disfrutable. Estarás feliz y satisfecha.

También tengo que decirte que la adversidad, o las cosas negativas, se presentarán cuando intentes alcanzar tu propósito. ¡No pasa nada! Les pasa a todas las niñas y mujeres rebeldes. Lo más importante es cómo respondes a ella. Cuando te enfrentes a la adversidad, reconoce cómo te sientes y sé gentil contigo misma. Luego habla con tu familia, con tus amigas, con una maestra en quien confíes, un guía espiritual o cualquier persona que creas que te apoya y que pueda darte consejos honestos sobre cómo volver a un espacio positivo. Después, haz lo que te haga sentirte mejor contigo misma. Puedes hacer ejercicio, dibujar, pintar, leer, lo que te funcione. ¡Aprenderás que eres mucho más valiente y fuerte de lo que crees! También construirás tu resiliencia, que es la habilidad para recuperarnos deprisa cuando ocurren cosas negativas.

Conocerte, ser auténtica y curiosa en vez de prejuiciosa y encontrar tu propósito te ayudará a escribir la historia que quieres que el mundo conozca de ti. Y cuando te enfrentes a la adversidad, tu yo auténtico y tu esfuerzo saldrán adelante.

La versión adulta de ti tal vez te diría que SÍ puedes soñar en grande y convertir tus sueños en realidad. Ya tienes todas las herramientas que necesitas... ¡Porque eres una niña rebelde!

Sinceramente,
Dra. Jeanette J. Epps

La Dra. Jeanette J. Epps es ingeniera aeroespacial y astronauta de la NASA.

Eres una activista

Estaba sentada en aquel estéril consultorio junto a mi abuela. Las luces fluorescentes zumbaban sobre nuestras cabezas. La habitación olía a desinfectante. Cada vez que unos pasos sonaban al otro lado de la puerta, mi abuela y yo alzábamos la mirada, esperando el momento en el que el doctor entrara al consultorio. Yo tenía doce años y estaba ahí para traducirle a mi abuela, que hablaba español. Tenía el estómago hecho un nudo por los nervios cuando el doctor al fin llamó a la puerta y entró. ¿Podría decirle todos los síntomas de mi abuela? ¿Entendería la información que él me diera sobre los medicamentos? ¿Qué pasaría si me equivocaba en algo?

Era una carga demasiado grande para una niña, pero logré hacerlo y me pareció algo normal. Mi familia emigró a Estados Unidos desde Colombia. Mis parientes más mayores no hablaban mucho inglés, así que me convertí en su portavoz en situaciones en las que no se hacían entender si hablaban en español. Escribí el currículum de mi tío y su carta de presentación cuando quiso conseguir un trabajo como conserje. Tuve incluso que hacer de traductora en las reuniones entre mis padres y maestras. Para ser sincera: esa fue la única ocasión en la que mis traducciones no fueron del todo precisas.

Historias como la mía son comunes por todo Estados Unidos. Todos los días, millones de jóvenes —inmigrantes e hijos de inmigrantes— ayudan a sus familiares a solicitar trabajos, llenar formularios y registrarse para votar. Estas son formas importantes en las que los jóvenes se convierten en activistas dentro de sus familias y comunidades. Pero rara vez oímos hablar de ellos.

Cuando contamos historias sobre activistas, con frecuencia nos enfocamos

en las acciones grandes y las voces más fuertes. Pensamos en alguien frente a un enorme público, dando un apasionado discurso que recibe ovaciones y aplausos. Pensamos en el líder de una enorme marcha que ondea una bandera.

Pero hay otros tipos de activismo. Estas acciones puede que sean más pequeñas y discretas. Tal vez no aparezcan en las noticias, pero son igual de importantes. Garantizan que nuestras familias, comunidades y el país entero sobrevivan y prosperen.

Aquí tienes algunos ejemplos:

• Ayudar a tu familia a llenar los formularios del censo o hacer que las personas de tu comunidad se comprometan a llenarlos.

• Dar información sobre las elecciones futuras o los candidatos.

• Traducir para tu familia para que puedan sobrellevar mejor situaciones de la vida diaria.

• Trabajar para registrar votantes o ayudar a la gente a planear su voto, aun si eres demasiado joven para votar.

• Hacer llamadas o enviar mensajes de texto para ayudar a una causa en la que creas.

• Educar a otros sobre temas importantes para ti, sea el cambio climático, la migración, la justicia racial o el acceso a los servicios de salud.

• Crear y compartir experiencias sobre un tema que sea importante para ti.

Si has hecho cualquiera de estas cosas, entonces ya eres activista. Y, gracias a ti, estamos construyendo un futuro mejor para tu generación y la siguiente.

María Teresa Kumar es una activista colombiana-estadounidense y presidenta de Voto Latino, una ONG que alienta a los votantes latinos jóvenes a involucrarse más en la política.

Una carta de amor a mi cuerpo

Nunca me imaginé que lograría ser atleta profesional, pero desde el momento en que pude caminar, cuenta la leyenda que mi padre me puso un balón frente a los pies. Me dejó como herencia su amor por el juego y, una vez que empecé, no hubo forma de detenerme. La mayoría de mis recuerdos de infancia tienen que ver conmigo detrás de un balón y el deleite puro de jugar a fútbol.

Mi amor por los deportes afectó la forma como la gente me percibía. En primaria, un compañero de clase me preguntó por qué usaba ropa de niño. Me tomó por sorpresa. Nunca había pensado en la ropa que usaba; me ponía cosas con las que pudiera correr y jugar. Alguien me llamó «marimacho», una palabra que nunca había oído. Hasta ese momento, mi búsqueda de la diversión había ocurrido sin preocupaciones, y nunca me detuve a pensar en qué ropa me pondría para ir a la escuela.

Pero, después de ese momento, empecé a entender las reglas no escritas de las que nadie me había hablado: las niñas tenían que usar «ropa de niña». Usar «ropa de niño» siendo una niña era visto como raro o como un desafío a las reglas. Yo ya sabía que, en algunas situaciones, ese era el caso. Para las fiestas, mi madre me escogía un vestido mientras que mis hermanos usaban camisas y corbatas. Y, aunque un vestido no era lo que yo habría escogido, era algo que tenía que hacer para las ocasiones formales. Los otros 363 días del año, podía vestirme como quisiera… o eso creía.

En la misma época en la que me llamaron «marimacho» por primera vez, empecé a ser más consciente de mi cuerpo. Me di cuenta de que mi cuerpo era distinto al de los niños. Nunca había pensado en ello. Sabía

que no era un niño, pero tampoco pasaba mucho rato pensando en que era una niña. Yo solo era yo. A mi cuerpo le gustaba correr rápido y patear balones. A mi cuerpo le gustaba chapotear en las olas del mar en verano y acelerar por colinas nevadas sobre un trineo en invierno.

Mientras algunos de mis compañeros parecían tener un sentido de la moda natural, para mí siguió siendo un misterio durante el instituto y la universidad. Mis piernas musculosas implicaban que los pantalones me apretaban mucho en algunos lugares y me quedaban holgados en otros. Cuando empecé a ir al gimnasio y a jugar a rugby en la universidad, me costó trabajo encontrar camisetas con las que me sintiera cómoda. Me había resignado a que la ropa me quedaría «solo bien».

¿Recuerdas cuando dije que nunca pensé que sería una atleta profesional? Eso cambió cuando me gradué en la universidad. Cuando estaba en la universidad, me enamoré del rugby, en donde se me alentaba a usar mi cuerpo de formas casi extremas para ayudar al equipo a alcanzar sus metas. Crecí en un ambiente en el que había un estándar de belleza muy claro («delgada» y «femenina»), pero mi equipo de rugby estaba lleno de mujeres increíbles con todo tipo de cuerpos fuertes y capaces. El rugby me mostró un mundo entero de nuevas posibilidades, en el que se celebraba a cuerpos distintos y en el que la belleza y la fuerza tenían todo tipo de formas y tallas. Cuando me gradué, hice una prueba para la selección nacional femenina de rugby de Brasil, de donde son mis padres, y me convertí en una atleta profesional a tiempo completo, con la meta de llegar a los Juegos Olímpicos.

Ser atleta profesional me permitió construir una nueva relación con mi cuerpo. Pasé incontables horas en el gimnasio corriendo y levantando pesas. La nutricionista del equipo me dio un plan detallado para asegurarse de que estuviera comiendo lo suficiente para mantener mi régimen de entrenamiento y crear más músculo. Mi cuerpo comenzó a reflejar todo ese trabajo. No se trataba de bajar de peso o verse de cierta manera. Se trataba de priorizar las necesidades de mi cuerpo para poder ser la mejor atleta y compañera posible.

Eso también significó que tenía que entender cuál era mi zona de confort y cómo poder salir de ella. Cuando pensaba que no sería capaz de hacer algo, mi cuerpo solía mostrarme que era mucho más fuerte de lo que pensaba. Me enorgullecía de no rendirme, sobre todo cuando algo era muy difícil.

Al mismo tiempo, me alejé más de las normas de la «belleza femenina» que, como me había dado cuenta, las mujeres y niñas tienen que aceptar. Mis hombros anchos, muslos sólidos y manos llenas de callos no eran percibidos en ningún momento como femeninos. Pero eran característicos de un cuerpo que me permitía correr más rápido, taclear más fuerte, apoyar a mis compañeras y representar a mi país con orgullo. Eran partes de una mujer que le dedicó su vida al deporte y puso el alma y corazón en la sororidad de su equipo. Me obligué a dar un paso atrás y recordarme que no había nada de malo con mi cuerpo. Lo que estaba mal era la restrictiva definición de «ropa de mujer» y la forma en que la sociedad entiende lo que es aceptable en el cuerpo de la mujer.

A la marimacho de la que se burlaron por usar ropa de niño: me veo en el espejo y le digo que su cuerpo es hermoso porque es suyo. Este es el único cuerpo que tendré, siempre será solo mío. A veces sí uso ropa de hombre. Otras, uso ropa de mujer. Y ahora, puedo expresar el amor que siento como cuerpo al dejar atrás las etiquetas en las que no encajo. Puedo elegir la ropa que hace que mi alma sonría, algo que nunca creí posible.

Isadora «Izzy» Cerullo ha participado en dos Juegos Olímpicos, representando a Brasil en rugby en Río (2016) y Tokio (2020). También ganó la medalla de bronce en los Juegos Panamericanos (2015) y seis Campeonatos Sudamericanos de Rugby.

Querida rebelde:

¿Cuál es tu mayor sueño? Déjame contarte el mío. Quiero que todos los niños puedan inspirarse en la cultura y rica historia de la humanidad. Quiero que todos los niños tengan acceso libre al arte y a las ciencias, y que así todos puedan enamorarse de ellos. Quiero que todos los niños y niñas queden encantados con las historias con las que se identifican y con las que pueden conectar.

Para hacer que mi sueño sea una realidad, me convertí en presidenta de una compañía. Pero, como seguro que ya sabes, todo sueño tiene una historia detrás. La mía empezó con mi hermano menor, quien en aquel entonces tenía más o menos tu edad. Como hermana responsable que era, lo llevé a uno de los museos más grandes de Londres. Estaba emocionada por compartir con él mi pasión por la cultura. Pero mi hermano caminó conmigo entre las colecciones, leyó las fichas que estaban debajo de las obras maestras de hacía siglos y se aburrió casi al instante. No quería oír hablar de Botticelli ni aprender nada sobre la genialidad de Leonardo da Vinci… él solo quería jugar.

¡Un momento!, pensé. Si no le gusta la cultura así, ¿y si convierto la cultura en un juego? ¿Y si pudiera hacer que las obras maestras de hace siglos hablaran y compartir sus historias y las de sus creadores? ¿Y si pudiera teletransportarse al lugar en el que encontraron ese jarrón de hace quinientos años y buscar a su dueño original? Esas preguntas se mantuvieron en mi cabeza durante días. Cuanto más pensaba en hacer que los museos fueran más emocionantes para mi hermano, más preguntas se me ocurrían.

Una imagen de la app Musemio

Así que, después de un juego de ping-pong dentro de mi cerebro, emprendí mi siguiente aventura: encontrar a personas a quienes pudiera plantearles esas preguntas. No tenía experiencia en el mundo de los negocios ni idea de cómo crear un juego, así que busqué lugares en los que pudiera encontrar a personas que tuvieran respuestas. Encontré una comunidad de negocios en mi universidad, y el resto es historia.

Sigo planteando preguntas nuevas todos los días. He creado muchos juegos con mi imaginación, personajes que capturan la imaginación de otros niños, ganado premios y hablado en importantes conferencias. Pero lo más importante de todo es que mi mayor sueño se hizo realidad.

Acabo de decir que todo sueño tiene una historia detrás. Pues todo sueño tiene también 101 preguntas que tienes que responder. La capacidad de no dejar de hacer preguntas que te emocionen, que hacen que la cabeza te vaya a 100 km/h y que te inspiren a buscar las respuestas de forma incansable, es un superpoder que convierte cualquier sueño en una realidad.

Por favor, nunca dejes de plantear preguntas que son importantes para ti. No dejes que la llama a la que llamamos curiosidad se apague en tu interior, y nunca dejes que nadie te diga que ya hiciste suficientes preguntas, porque siempre habrá más.

¿Cuál es tu sueño, querida rebelde?

Con amor,
Olga

Olga Kravchenko es presidenta de Musemio, una app de realidad virtual para niños que hace que la historia, la cultura y el arte cobren vida.

Atrapada bajo un techo que se derrumba: poemas para una adolescente con enfermedades crónicas

I. Suficientemente enferma

Antes de ir a la escuela, escojo un corrector,
uno que esconda los círculos oscuros alrededor de mis ojos,
los círculos oscuros que dicen
que estuve en el hospital anoche, sin dormir.

Luego escojo una blusa que cubra las cicatrices
para que la gente no sepa nada de las cirugías.
Oculta queda la niña que estuvo en la cama sin poder mover
la cabeza, la niña que no podía ver,
la niña que no podía hablar con ideas completas,
pero que podía sentir cómo el dolor le devoraba el cuerpo,
la niña que me hizo ser quien soy ahora.

Pero me pongo la máscara,
esa que he creado desde hace seis años
para cubrir el dolor,
para ocultar a la niña,
porque no están listos,

no soportarían,

no soporto ver cómo me siento.

Así que me siento ocho horas para estudiar, pensando

más en el dolor que en las matemáticas,

usando toda mi energía para hacer algo más

que solo sobrevivir,

sino sobrevivir en este cuerpo.

Camino al ascensor para ir a la siguiente clase.

Pero un profesor me detiene y dice:

«Oye, el ascensor es

para estudiantes con discapacidad, y

tú no tienes una discapacidad».

El cuerpo se me llena de rabia.

Si tan solo supiera lo

del corrector,

la laca para el cabello,

las blusas,

las máscaras,

volver a aprender a caminar

para poder cruzar el campus

hacia el ascensor.

El trabajo que me costó solo llegar ahí.

¿Qué quiere que haga?

¿Que me levante la blusa

y le muestre las cicatrices?

Al día siguiente voy a la escuela y no me escondo.

Mi cicatriz está descubierta, para que todos vean
a la chica que se levantó después de la cirugía,
a la chica que sigue levantándose todos los días, para alzar la voz,
para que nadie le diga qué es o qué no es, qué es su cuerpo y qué no.
Un compañero me detiene y me dice: «Oye, tú solo quieres llamar la
atención».
Entonces, si me veo demasiado sana, estoy fingiendo;
si me veo demasiado enferma, estoy llamando la atención.
¿Cómo tiene que verse una chica con una enfermedad crónica?
¿Por qué no es suficiente verme como me veo?

II. Madura

Estoy atrapada entre ser madura para mi edad
y ser una joven inocente.
En algún punto entre empezar secundaria y convertirme
en adolescente:
pasaba más tiempo en salas de espera de hospital y en fisioterapia,
la más joven del lugar, con una diferencia de unos
cincuenta o sesenta años.
En algún punto entre empezar secundaria y casi
terminar el instituto:
el mundo dejó de terminarse cuando no le gustaba a un chico,
sino que
se terminó cuando los doctores tuvieron que abrirme la espalda.
En algún punto entre empezar secundaria y prepararme para
graduarme del ala pediátrica del hospital:
me atrasé al aprender cómo ser «adolescente», qué decir,
adónde ir y cómo vivir «la experiencia de prepararme».

La última experiencia normal que tuve fue en primaria.
El último año antes de quedar atrapada en el cuerpo de alguien de
ochenta años, la experiencia adolescente de una niña pequeña,
madurez creada por el trauma.
Así que no sé si es un cumplido cuando la gente me dice
que soy un alma vieja o madura o que tengo perspectiva,
si el camino para llegar aquí es uno que cambiaría por
poder llorar porque no le gusto a un chico.
No quiero decir que deberías llorar por mí, porque no.
Porque en algún punto entre estar enferma siempre y estar sana,
en algún punto entre no tener una discapacidad y ser
una activista por los derechos de las personas con discapacidad:
encontré mi voz. Encontré mi propósito.
Aprendí a amar mi vida y mi cuerpo tal y como son.
Aprendí a luchar. Aprendí a defenderme.
Aprendí a empoderarme.

Así que tal vez sea madura, y no sé qué sentir sobre
lo que se me ha impuesto. Pero sí sé qué siento sobre mi vida
ahora, y es algo bueno.

Isabel Mavrides-Calderón es una activista por los derechos de las personas con discapacidades y estudiante estadounidense.

Querida rebelde:

La noche del 15 de octubre de 1996 cambió mi vida. Tenía catorce años y había terminado un demoledor entrenamiento de natación de tres horas cuando mi madre me vino a recoger. Fuimos a nuestra pizzería local para comer algo mientras esperábamos a que mi hermano menor terminara su entrenamiento. A mitad del segundo bocado de la pizza viscosa y llena de queso, a mi madre se le retorció la cara de preocupación. «Creo que dejé la estufa encendida», dijo.

Nos apresuramos a volver al coche y fuimos a casa a toda velocidad.

Vivíamos en una hermosa casa estilo Tudor, de color blanco y negro, que mis padres habían construido y que estaba en una granja a siete kilómetros de la ciudad. Mi infancia estuvo llena de fuertes de heno en el granero y persecuciones de vacas sobre el tractor. Al entrar en el largo camino de grava que llevaba a la casa, vi una enorme nube negra de humo. Mi madre bajó del coche y entró a la casa para intentar encontrar a nuestros dos perritos. Llamó a los bomberos. Intenté sacar el coche del garaje, pero el motor se apagó varias veces porque yo no sabía cómo usar un coche manual, solo automático.

Mi madre volvió a salir; había demasiado humo. Me tomó a mí y a nuestro tercer perro (que estaba fuera, en una de las perreras) y nos llevó a esperar junto a la carretera. Mi padre y mi hermano no tardaron en llegar. Después de un rato, aparecieron los bomberos, pero ya era demasiado tarde. Vimos entonces cómo nuestra casa se quemaba por completo: las prendas que habíamos elegido para ese día se convirtieron en nuestras únicas posesiones. Mi vida se convirtió en un caos.

Esa noche fue el inicio de un largo viaje para mí. Mi madre mi padre y mi hermano fueron a quedarse con mi abuela. Ella tenía una casa pequeña, y no había suficiente espacio para todos, así que yo me quedé con una amiga. Durante los siguientes meses, le pedía a una amiga distinta todos los días si podía quedarme con ella esa noche. Me costaba concentrarme en la escuela. Escribía poemas muy oscuros en mis libros de física y dejaba de prestarle atención a lo que decía la maestra. No podía dormir y necesitaba cuatro cafés al día para mantenerme despierta. Estaba enojada. Me sentía triste. Me sentía sola. Perdí a dos de mis perros; perdí mi casa; perdí mis cosas. Mi familia era un desastre y mi vida estaba llena de inestabilidad. Sin embargo... esa era solo una forma de ver las cosas...

Y esa, querida rebelde, es una de las lecciones más valiosas que aprendí en la vida. Mi perspectiva, mi forma de mirar las cosas, cómo elegía enfrentarme a las situaciones, en realidad es una de las pocas cosas que puedo controlar de entre cientos de miles de cosas que no puedo.

En su libro *Antes de la felicidad*, Shawn Anchor nos da un bello ejemplo del poder de la perspectiva. Nos habla de mirar un

mapa y recorrer una ruta desde el punto A hasta el punto B. Podría parecer algo bastante sencillo. Pero… ¿y si una parte del mapa estuviera doblada? ¿Y si estuvieras mirando el mapa al revés? ¿O si estuvieras al nivel de la mesa y solo pudieras ver lo que está más cerca de ti? Según la perspectiva que tuvieras, podrías planear la ruta de una forma muy distinta.

Todas las situaciones en la vida se parecen a ese mapa. Un día, cuando tenía quince años, decidí cambiar mi perspectiva. Estaba cansada de vivir en ese punto intermedio en el que me sentía deprimida y en la oscuridad, pero no estaba muerta. Aún estaba viva, pero no estaba viviendo de verdad. Entonces decidí estar realmente viva: encontrar sentido, propósito, emoción y alegría en mi vida. Me di cuenta de cuán liberador fue que mi casa se hubiera incendiado y ya no valorar las cosas materiales de la misma forma. El incendio me hizo ver lo fuerte que era como persona, y eso borró mis miedos. Tenía la libertad de salir a descubrir el mundo, encontrar aventuras y vivir mi vida con la seguridad de que podía sobrevivir a cualquier cosa. Y eso, querida rebelde, fue lo que hice.

Cuando tenía dieciocho años, decidí que necesitaba un descanso de la universidad y me mudé a Suecia en busca de una aventura. Terminé viviendo en Estocolmo dos años y medio. Ahí aprendí a jugar a waterpolo y tuve la oportunidad de viajar por toda Europa para participar en torneos. Aprendí sueco, fui a la universidad y trabajé en un bar para pagar mis cuentas. Regresaba a casa en bicicleta a las tres de la mañana, bajo el sol de la madrugada. Esa intrepidez y mis ganas de vivir con audacia —valorar las experiencias y el impacto— me han servido desde entonces. Durante los últimos veinte años, he trabajado en veinticinco países y visitado cincuenta más. Esa misma confianza me permitió dejar atrás cómodos trabajos corporativos en busca de oportunidades mucho más arriesgadas y convertirme en emprendedora. Hoy, estoy construyendo una empresa que amo y que celebra las historias de muchas mujeres increíbles. Sus caminos, retos y perspectivas me inspiran día a día.

Así que, querida rebelde, quiero que sepas que la vida está llena de altibajos.

A veces tendrás buena suerte. A veces tendrás mala suerte. Habrá pocas cosas que puedas controlar, pero sea cual sea la situación, te prometo que hay distintas formas de verla. Así que, la próxima vez que algo parezca no ir bien, respira profundamente y piensa en las distintas formas en las que podrías mirar la situación. Te aseguro que podrás encontrar una perspectiva que te permita seguir adelante con más aprendizajes, más confianza ¡y siendo más tú misma!

¡Sigue siendo rebelde!
Jes

Jes Wolfe es emprendedora, inversora y la presidenta de Rebel Girls, una marca de empoderamiento global dedicada a inspirar y crear confianza en las niñas de todo el mundo.

Monte Everest, 23 de mayo de 2016

Estaba a 8.750 metros por encima del nivel del mar, solo 100 metros por debajo de la cima. Estaba tan exhausta que mis músculos habían dejado de obedecer a mi cerebro.

«¡Ay, no! Qué decepción. No lograré llegar a la cima por segunda vez, después de siete años de preparación y veinte años de soñar con este momento», me dije. Parecía el fin. Sentía una vulnerabilidad total. Y, entonces, comenzó la lucha mental.

Era como si oyera dos voces. En un oído, una voz me decía: «Carla, inventa un pretexto, busca una excusa para salir de aquí. ¡Hazlo ya! No sé… podrías decir que no tienes los genes, que es más difícil porque eres mujer, cualquier otra cosa, porque esto es muy difícil y ya no podemos más».

En el otro oído, podía oír a la otra voz: «¿Estás segura de que quieres mentirte así? Carla, sabes muy bien lo que es estar al límite y tener la voluntad para sobrevivir». Lo había vivido en la pared sur del Aconcagua, donde, después de no haber comido en seis días y padecer una deshidratación extrema, la única opción que me quedó fue seguir escalando por cuenta propia, a pesar de que estaba a punto de derrumbarme. Esa voz me recordó algo que necesitaba tener en cuenta: la fuerza de voluntad es infinita, las posibilidades son infinitas, y el alma no conoce barreras.

Cuando la lucha mental terminó, tomar la decisión fue muy fácil. Por lo general, cuando sientes que tu cuerpo está a punto de fallarte, querrás tomar la salida fácil. Pero ese día decidí escuchar la voz del amor y la energía universal. Escuché la voz de mi fuerza de voluntad.

> La fuerza de voluntad es infinita, las posibilidades son infinitas, y el alma no conoce barreras.

Al mismo tiempo, me hice consciente de algo maravilloso: en ese momento, no estaba sola. Tenía a personas que me amaban y que caminaban a mi lado, y también tenía a miles de parientes, amigos y desconocidos que me enviaban toda su energía, su amor y bendiciones. De cierta forma misteriosa, todos estábamos conectados a través de una consciencia universal.

Y con toda la energía de la gente que me quiere, comencé a caminar. Después de una hora y media, recorrí los 100 metros restantes y alcancé el pico más alto del mundo sin oxígeno suplementario. Sentí gratitud por todo lo que me había llevado ahí: fracasos, depresión, rechazo, burlas

y un número infinito de momentos hermosos e increíbles a lo largo de mi vida.

Me convertí en la primera mujer del continente americano en subir y bajar del monte Everest sin oxígeno suplementario. ¿Pero por qué era tan importante ese título?

Por un lado, sentí que mi logro les abriría la puerta a otras niñas, jóvenes y mujeres que vinieran detrás de mí. Pero también entendí algo muy valioso: a las montañas no les importan tus títulos, género, raza o religión.

Allá arriba, todos nos sentimos iguales. Todos sentimos frío, hambre, miedo, cansancio… sin importar quiénes seamos ni de dónde vengamos. En las montañas, he aprendido que el peor tipo de discriminación es el que puedo sentir contra mí misma.

La montaña me dio la oportunidad de convertirme en la heroína de mi propia historia, quien comparte sus aventuras con sus compañeros, y no la mujer que espera que llegue un héroe.

Las montañas me lo han dado todo, y yo lo he dejado todo allá arriba.

Gracias, montañas.

Carla Pérez es una alpinista ecuatoriana. En 2019, se convirtió en la primera mujer en llegar a la cima del Everest y del K2 en el mismo año.

Querida niña rebelde:

Me llamo Stella Keating y soy una niña rebelde transgénero. Le dije al mundo quién era cuando tenía apenas nueve años. Pero, incluso antes de eso, tenía claro que no era igual que mucha gente que me rodeaba. Antes de llamarme «ella», mi expresión de género era fluida. Eso incomodaba a la gente, sobre todo en la escuela. Muchos creían que estaba bien cuestionarme y hacer comentarios sobre mi cuerpo. Por fortuna, tenía un grupo de amigas, casi hermanas, que siempre estuvieron junto a mí.

En primero de primaria, empecé a usar «ropa de niña» tradicional para ir a la escuela. Ya lo hacía todo el tiempo en casa. Quería ser completamente yo misma en la escuela también. Pero tenía miedo. Sin decírselo a mis padres ni a nadie, decidí protegerme. Me puse mi falda y blusa rosas favoritas y unos Toms brillantes, también rosas. Pero, debajo, llevaba vaqueros y una camiseta de niño. Si alguien me molestaba por la forma como iba vestida, me quitaría la capa de ropa que llevaba encima y me quedaría con lo que llevaba debajo.

Un día, mientras estaba en el baño, un chico mayor entró y dijo en voz muy alta: «¿Qué haces aquí?». Me dijo que yo no podía estar ahí. Tenía miedo de lo que me haría si me quedaba en el baño más tiempo y estaba demasiado asustada como para responderle. Terminé lo que estaba haciendo y me apresuré a salir. Me quité la ropa de niña.

Cuando volví a mi clase, mis amigas notaron la angustia en mi rostro y la ropa nueva que llevaba puesta. Supieron que había algún problema y tuvieron que presionarme para que se lo contara. Les dije lo que había ocurrido. Me preguntaron quién era el chico y les dije que no lo sabía. Les describí su aspecto y una de mis amigas se dio cuenta de que sabía quién era. Me tomaron de la mano y me llevaron a su clase.

Iba a una escuela Montessori, y cada clase tenía un círculo de paz. Eran espacios en los que podías relajarte si te sentías agobiada o para resolver alguna disputa con una amiga. Así que fuimos al círculo de paz de esa clase y hablamos con el chico. Debo admitir que no recuerdo mucho qué paso en ese momento. Creo que las niñas le contaron que no me veía como los demás niños. Me sentía más cómoda con ropa de niña que con ropa de niño. El chico del baño lo entendió. Y se disculpó. Sentí un alivio enorme. Ese momento me recordó que no estaba sola.

Una muy buena amiga me dejaba tomar su ropa prestada. Su madre me hizo mi primer vestido y lo usé con mucho orgullo. Hubo niñas que me enseñaron muchas cosas que no había podido aprender, como trenzarme el cabello. Cada una de mis amigas me amaba tal y como era. Era algo que necesitaba, sobre todo en un lugar en el que me sentía insegura siendo yo misma. Lo que entiendo ahora es que, si hubiera dejado de ser quien era, no estaría aquí para poder compartirte esto.

Cuando tenía nueve años, les dije a mi padre y a mi madre quién era; luego se lo dije al resto de mi familia. Después de un tiempo, se lo dije a todo el mundo: «Me llamo Stella y soy una niña». Nunca dejó de darme miedo, pero nunca había sido tan feliz. Compartí mi historia con tanta gente como pude. Pude ir al Capitolio de mi estado y decirles a los senadores y representantes quién soy y por qué merezco ser tratada y protegida como cualquier otro niño. Estaba cada vez más motivada a alzar la voz por mí y por otros chicos y chicas trans como yo. Eso me llevó al GenderCool Project. El GenderCool Project es una campaña de narraciones que comparte historias positivas sobre quiénes son las personas trans y no-binarias, no sobre qué somos. Puedo decirle a todo el mundo cómo el amor de mis padres y amigas me ha ayudado a salir adelante.

El GenderCool Project también me llevó a testificar frente al Senado de Estados Unidos a favor de la Ley de Equidad. La Ley de Equidad es un proyecto de ley que dice que todas las personas que se identifiquen como LGBTQ+ deben de ser tratadas de la misma forma que las personas que no son LGBTQ+. ¡Mi testimonio se hizo viral! Fui la primera adolescente trans en testificar frente al Senado. Eso me llevó a conocer a la primera dama, la Dra. Jill Biden.

Jamás creí que mi vida sería así. Al escribir esta carta, lo único que quería hacer era retroceder en el tiempo y darle un enorme abrazo a la pequeña Stella. Quería decirle: «Todo va a ir bien, Stella. Ser quien eres les dará a más personas la oportunidad de hacer lo mismo».

Para cualquier chica trans que esté leyendo esto: quiero que sepas que no estás sola. Quiero que sepas que te quiero y que siempre estaré a tu lado. Somos parte de una larga, rica y hermosa historia de personas trans que vienen de todo tipo de culturas y contextos. Tienes que estar orgullosa de quién eres. Y para cualquier chica que no es trans: quiero pedirte que si ves a alguien que sufre *bullying* por ser quién es, sé su aliada. Una aliada es alguien que respeta el nombre y los pronombres de una persona y la acepta como es. La aceptación es muy importante, ¡ser inclusiva lo es más! Da un paso extra y saluda. Invítala a jugar, a estudiar contigo, a sentarse en tu mesa para el almuerzo.

Ser transgénero es solo una parte de lo que es una persona. Me gusta decir que es la parte menos interesante de mí.

Con amor,
Stella

Stella Keating es una estudiante y activista estadounidense. En 2021, fue nombrada una de las 20 personas menores de 20 años más destacadas por parte de la organización GLAAD y una de las Voces del Año de la revista *Seventeen*. Recibió el Premio a la Visibilidad por parte del Fondo de Defensa Legal y Educación Transgénero.

Cambiamos el mundo con nuestro ejemplo

Algún día quizá oigas hablar de cómo superé algunos retos en mi infancia y decidí ayudar a otras mujeres y niñas. Quizá incluso ya lo sabes. Me quedé huérfana a la tierna edad de siete años. Dejé de ir a la escuela para cuando cumplí nueve. Y, aunque no lo creas, estuve a punto de casarme cuando tenía apenas diez años para poder tener un techo sobre mi cabeza y comida en la mesa.

La historia de la muerte de mis padres la dejo para otro día, pero, de varias formas, me llevó a convertirme en la mujer que soy. Cambió mi perspectiva sobre la cultura y lo que pensaba sobre la familia. Cuando mis padres fallecieron, fui a vivir con mi abuela, que ya tenía más de cien años. Mi abuela me enseñó qué es la esperanza con las historias que me contaba y la forma como vivía su vida. Mis recuerdos más alegres con ella son de nuestras expediciones para buscar hongos. Hoy en día, soy conocida por mi trabajo por simplificar el arte y la ciencia de cultivar hongos. Comencé a aprender cosas sobre el cultivo de hongos a los once años. Luego compartí mis conocimientos con la gente que más lo necesitaba.

Sí, pude ver el potencial del cultivo de hongos desde muy joven. Comprendí que con ese conocimiento podría tomar el control de mi vida. Cultivé hongos, vendí algunos y comí otros tantos. Ayudé a pagar la educación de otros huérfanos con el dinero que gané. Cuando tenía doce años, mi mentor de aquel entonces me llevó a la Universidad de África para continuar con mi trabajo. Cuando cumplí dieciséis años, volví a la escuela.

Hoy, tengo estudios universitarios de administración de empresas. Estoy a cargo de una ONG que fundé yo misma, que hasta la fecha ha llegado a más de seis mil hogares tan solo en Zimbabue. He sido incluso madre de acogida de siete niñas que también eran huérfanas. La experiencia me hizo entender que necesitamos hacer más por empoderar a nuestras niñas y jóvenes. Sigo comprometida con contribuir a ese objetivo en la medida de mis posibilidades. He recibido algunos premios por mi liderazgo y reconocimientos a mi trabajo. Tengo una red de mentores y la familia adoptiva más hermosa incluyendo cinco hermanos, ¡los mejores del mundo!

No había señales de que las cosas resultarían así cuando tenía entre siete y dieciséis años. Todo parecía perdido, pero con perseverancia, apertura al aprendizaje, creciendo con cada reto, optimismo y, por supuesto, acción, nada estuvo perdido al final. Siempre hay esperanza, y el universo tiene una manera de alinearse a favor de aquellos que siempre se levantan después de tropezar.

He estado aprendiendo desde que era una niña, y gracias a eso encontré mi pasión. Hoy, a los treinta y siete años, continúo aprendiendo. Aún tengo muchos retos por superar por el simple hecho de ser mujer. Si bien el mundo ha dado grandes pasos hacia la igualdad de género, algunas culturas suelen quedarse atrás. ¿Recuerdas que te conté que iba a casarme a los diez años?

Podrás preguntarte quién tomó la decisión de hacer que una niña tan pequeña se casara. En mi caso, la decisión se tomó para apaciguar al cabeza de familia, que era mi tío. Él creía que, si me dejaba irme de casa para conseguir un trabajo, perdería control sobre mí y la oportunidad de recibir una dote cuando me casara. Pero me negué. Eso significaba que estaba atada a su casa hasta que llegara el momento en que me casara. Cuando tuve la oportunidad de dejar la aldea para ir a la universidad y continuar con mi trabajo con los hongos, tuve que pagarle a mi tía. En otras palabras, me casé fuera de la aldea. Pagué por mi libertad, de mi tío al menos. Ahora bien, una creería que ese pago significaría que cuando me casara nadie volvería a molestarme, ¿no?

Decidí casarme en 2022. Pero mi hermano biológico también creía que podía imponerme sus ideales culturales. Una vez más, tuve que confrontar lo que significaba tomar mi vida entre mis manos. Volví a preguntarme cómo podría navegar la situación para superar el obstáculo al que me enfrentaba y, al mismo tiempo, crear un nuevo futuro para otras niñas y jóvenes como yo. Sin pelear, insultar y sin tener que pagar, logré expresarle a mi hermano que no podría imponerme sus ideales. Seis meses más tarde, me llamó para disculparse. Mientras tanto, yo decidí mis propios términos para mi matrimonio.

Lo que espero para ti es que aprendas y crezcas con cada reto. Espero que aprendas a defenderte en todos los aspectos de tu vida, y que lo hagas de forma consistente y elegante. Todas podemos cambiar el mundo con nuestro ejemplo al vivir y enfrentarnos a los retos. Podemos empezar desde que somos pequeñas.

Chido Govera es una cultivadora de hongos, activista y educadora radicada en Zimbabue.

Un mundo de fachadas

Vivimos en un mundo de fachadas.

¿Sabes qué es una fachada? Imagina que estás parada frente al lugar en el que vives. Míralo desde fuera: las ventanas, el material, los colores, los detalles. Todos los elementos que conforman su apariencia exterior, esa parte que da a la calle, es la fachada.

Detrás de una fachada puedes descubrir personas y espacios únicos. Sin embargo, el mundo de las fachadas no siempre es la realidad.

Las fachadas de los edificios son la primera impresión. Pueden no coincidir con lo que encuentres detrás. El término «fachada» puede usarse también para describir otras situaciones. Puede referirse a alguien o algo que presenta un frente falso para ocultar la verdad.

Es una fantasía.

En el mundo de las fachadas, cualquiera que esté en contra de la fantasía puede ser humillado o ridiculizado.

En un mundo en el que encajar es algo que se valora, la gente puede intentar verse igual, comportarse igual y pensar igual a quienes son «aceptados». Te bombardean con publicidad, redes sociales, juguetes, letreros y otros mensajes. Estas cosas pueden hacerte sentir que necesitas tener ciertos comportamientos, preferencias, amistades y actitudes para encajar y que el mundo te acepte.

El mundo de las fachadas esconde lo que te hace única.

Crea todo tipo de distracciones.

Te hace cuestionar a los demás en vez de reflexionar sobre tus propios valores, acciones y metas.

Aunque podría parecer sencillo cambiar para encajar, nunca te dejará satisfecha o feliz a la larga. Lleva a un sentido de vacío y desconexión. Te hace olvidarte de tu yo verdadero.

Para ser una rebelde en este mundo, no puedes quedarte satisfecha con las fachadas.

No puedes conformarte con las apariencias o las primeras impresiones.

Como niña rebelde, tienes que invertir tiempo en ti misma.

Atrévete a tener curiosidad sobre quién eres y el mundo en el que vives.

¿Alguna vez has sentido que no encajas o que nadie te entiende? Si lo has sentido, quiero que sepas que no estás sola, y que recuerdes que está bien, porque no se supone que tengas que encajar en todas partes. Eso quiere decir que eres única.

Atrévete a cuestionar lo más básico: quién, qué, cuándo, dónde y por qué.

Las preguntas básicas con respuestas honestas te permitirán conocerte y ser honesta contigo misma.

Te ayudarán a sobresalir y poder expresar lo que llevas dentro.

Liberarte del mundo de las fachadas solo te traerá alegrías.

Cuando puedes verte como en realidad eres y aceptarte así, sientas las bases para ser tu yo auténtico.

No es fácil ser rebelde.

Se necesita valor y la voluntad para enfrentarse a los retos.

A veces puede ser aterrador ser tú misma o sobresalir y ser diferente, pero te hará auténtica.

Tienes que saber que los errores son una parte natural de crecer.

Todas cometemos errores.

No todas aceptamos nuestros errores.

Pero, como rebelde, siempre deberías permitirte y permitirles a otras enmendar sus errores y aprender de ellos.

Así que no te pierdas en el mundo de las fachadas. En cambio, adéuñate de tu voz, de tus ideas y de tu forma de ver el mundo. Cuando eres auténtica y te permites ser quien eres en verdad, te sientes orgullosa y segura. Solo al ser tú misma puedes mostrarle al mundo tus increíbles talentos y habilidades. Libera todo tu ser para poder brillar. Eso es fundamental para ser una niña rebelde.

Así que no temas alzar la voz y compartir tus ideas.
Recuerda siempre estar orgullosa de quién eres y de lo que crees, sin fachadas.

Gabriela Etchegaray es una arquitecta, curadora e investigadora que vive entre la Ciudad de México y Nueva York.

Querida rebelde:

Quiero que pienses en tus sueños. No en esa extraña pesadilla que tuviste anoche en la que un monstruo te perseguía por los pasillos de la escuela, sino en tus sueños para el futuro. ¿Qué quieres lograr? ¿Qué es lo que quieres ver en el mundo? ¿Qué quieres ser? (Si no lo sabes todavía, no pasa nada... ¡hablaremos de eso en un instante!).

Cuando era pequeña, quería ser inventora. Me encantaban las computadoras, o los ordenadores, como prefieras llamarlos. Quería entender cómo funcionaban las cosas. Cuando salí de la escuela, empecé a trabajar en una de las compañías tecnológicas más grandes del mundo. ¡El trabajo era emocionante e interesante al principio! Pero después de un tiempo me di cuenta de que no estaba haciendo realidad mis propios sueños, y comencé a soñar con lo que podía ser posible.

Pensé en todas las cosas que amaba hacer cuando era niña. Además de los ordenadores o computadoras, pasaba mucho tiempo haciendo manualidades, aprendiendo a coser y haciéndoles cosas a mis amigas. Había un punto en común ahí: me interesaba el trabajo creativo y usar esa creatividad para resolver problemas. Esas habilidades me sirvieron en mis primeros trabajos, pero era momento de hacer algo más. Era momento de que pensara en lo que en verdad quería hacer y cómo podía usar aquello que se me daba bien —y que me apasionaba— para llegar ahí.

Vi que muchas mujeres dudaban de sí mismas antes de dar un paso para alcanzar sus metas. Decían: «Tal vez mi idea no sea lo suficientemente buena» o «¿Y si nadie quiere trabajar conmigo?»o «¿En verdad tengo el conocimiento para lograr eso? ¿En qué estoy pensando?». Quería ayudar a las mujeres a deshacerse de esa voz en sus cabezas. Quería ser como su mejor amiga, quien siempre las apoyara y les dijera que podían hacer lo que fuera. Así fue como empezó mi primera compañía, Brit+Co. Creé un espacio digital en el que las mujeres podían aprender nuevas habilidades e inspirarse para pensar de forma creativa. A partir de eso, fundé varias compañías más —una aceleradora de negocios, una empresa de finanzas en Web3 y un fondo de inversión—, todas con el propósito de empoderar a las mujeres a través de su creatividad y el poder de la tecnología.

La aventura más grande que puedes emprender en la vida es perseguir tus sueños. Cuanto más trabajes hacia un sueño, más realizada estarás. Visualiza en verdad algo que te emocione y da los pasos que te acerquen a donde quieres llegar; puede ser lo que sea, desde subir al siguiente nivel en gimnasia o entrar en un programa avanzado en la escuela. Trabajar por tus sueños es el primer paso hacia resolver problemas, alcanzar tus metas y vivir tu vida siendo la mejor versión de ti misma.

Y te voy a contar un secreto. Está bien si no sabes qué quieres ser cuando crezcas. Hay personas que saben cuál es la carrera de sus sueños desde que son pequeñas, pero hay mucha gente que no, y hay personas cuya vida las lleva en direcciones inesperadas. Nunca eres demasiado mayor como para cambiar de opinión sobre qué quieres hacer cuando crezcas. ¡Yo aún pienso en eso todos los días! Tal vez, para mi siguiente aventura, seré inventora. Tal vez seré algo muy diferente. Tómate un tiempo para descubrir qué es lo que te gusta hacer, qué se te da bien y qué es lo que necesita el mundo de ti. Hay un lugar para ti y un lugar para tus sueños.

Con amor,
Brit

Brit Morin es inversora y emprendedora de varios proyectos y tiene una curiosidad infinita sobre el futuro de la tecnología y la próxima gran revolución. Es fundadora y presidenta de Brit+Co y Selfmade, y cofundadora de Offline Ventures y BFF.

Una guía para portarse mal

Sé que a la mayoría de nosotras nos educaron para «portarnos bien», ¿cierto? Tradicionalmente, eso significa ser educadas, pensar en los demás, estar agradecidas por lo que tenemos y comportarnos de una manera agradable y «linda». Cuando tenía tu edad, así era yo. Me enorgullecía de mis calificaciones, de agradarle a todo el mundo y de hacer siempre lo correcto a los ojos de mis compañeros y mis mayores.

Desde que tengo uso de razón, también les hacía preguntas a quienes me rodeaban. Fuera con un cepillo frente al espejo del baño o con un tenedor en la mesa del comedor, fingía que tenía un micrófono en la mano y le pedía a la gente que me compartiera sus historias. Vivía en un pueblo pequeño, lo que me hacía sentir curiosidad sobre el mundo y toda la gente que vive en él. Mi curiosidad siempre me llevó a investigar cosas. ¡Me encantaba! Luego, fui a la universidad y después decidí hacer la carrera de Periodismo. Veía sin falta a mis heroínas, periodistas en la televisión como Oprah Winfrey y Katie Couric, hacer su trabajo con valentía y naturalidad, y quería seguir sus pasos.

Imagínate mi emoción cuando conseguí mi primer trabajo como reportera en televisión. Después de años de dedicación y trabajo duro, logré llegar a Hollywood y trabajar en un canal que se veía en todo el mundo. La experiencia me fue bien, y estaba en televisión todos los días con los mejores de la industria. ¡Mis sueños se habían hecho realidad!

La gente siempre te dice que sueñes en grande, pero ¿qué pasa cuando la realidad es aún mejor que lo que soñaste? Así fue mi vida. Mi carrera me llevó a recorrer todos los rincones del mundo. Cubrí una boda real en Londres; entrevisté a los mejores atletas del mundo en los Juegos Olímpicos; informé desde la alfombra roja del Festival de Cine de

Cannes en Francia, y hablé con las estrellas más famosas en premieres en Brasil, Nueva York, Toronto y muchos lugares más. ¡Todo eso mientras una estilista me daba la ropa más hermosa y talentosos maquilladores me hacían sentir hermosísima a diario! Pero el trabajo en sí —la investigación, la preparación, el conocimiento y el instinto que se necesitaban— también me ayudó a construir mi confianza. Me sentía segura de mí misma y de mi trabajo, un trabajo que adoraba.

Después de diez años en el trabajo, mi amor propio había crecido, y mi experiencia hablaba por sí misma. Hasta que dejó de hacerlo.

En el set, en el estudio, trabajaba junto a un hombre que hacía el mismo trabajo que yo. De hecho, empezamos a trabajar ahí en el mismo año y solíamos presentar los eventos de alfombra roja y presentar las noticias juntos. Tenía mucho talento y era mi amigo.

Un día, una de nuestras jefas me dijo algo en secreto que cambiaría mi vida para siempre. Me llamó a una reunión para decirme que estaba «tremendamente mal pagada». Como era de esperar, me preocupé. Así que investigué un poco, algo que sabía muy bien cómo hacer. Descubrí que lo que me había dicho era cierto. Mi compañero ganaba más del doble que yo por exactamente el mismo trabajo. Y eso me hizo sentir triste, decepcionada y hasta avergonzada.

Conocía a otras mujeres valientes y fuertes que habían levantado la voz por la igualdad, como Gloria Steinem, Oprah Winfrey y Jennifer Lawrence, así que me sentí alentada a hacer lo mismo. Después de doce años en la empresa, le pedí a mi empleador que me pagara lo que merecía, algo parecido a lo que ganaba el hombre con quien trabajaba. Pero me dijeron que no.

Tenía una decisión que tomar. ¿Me quedaría en el trabajo que amaba y permitiría que no me valoraran como merecía? ¿O daría un paso al frente y lucharía por los derechos de las mujeres en público?

La primera opción era la que siempre me dijeron que tomara. Compórtate. No hagas un alboroto. ¡Tendrías que estar agradecida por el trabajo que cientos de miles de mujeres morirían por tener!

La segunda opción me hablaba al alma. No dejaba de volver a la idea de que tenía que usar mi voz; que la verdad es la virtud más importante; que, si hablaba sobre el tema, tal vez, solo tal vez, podría ser parte de un cambio muy necesario en todas las industrias. Las mujeres en todas partes, en todos los trabajos, recibían mucho menos dinero que sus colegas hombres, y eso era inaceptable. Me sentí obligada a ayudar a cambiar el sistema.

¿Tenía miedo? Mucho.

¿Sabía qué pasaría si dejaba el trabajo y alzaba la voz para hablar sobre mi experiencia? No. No tenía un respaldo. Pero, entonces, una de mis mejores amigas me preguntó: «¿Apostarías por ti misma?». Y la respuesta era que sí. Lo haría; lo hago. Sabía que todos esos años de trabajo y dedicación me habían convertido en una periodista increíble, que estaría bien y podría forjar su propio camino. Y eso fue lo que hice.

Sabes lo que dicen sobre portarse bien, ¿no? Las mujeres que se portan bien rara vez hacen historia. He podido compartir mi historia con mujeres y niñas en todo el mundo. He escuchado incontables historias de mujeres que me dijeron que las inspiré a pedir aumentos o a usar su voz para conseguir un ascenso o incluso para dejar su trabajo por uno mejor y conseguir lo que se merecían.

¿Te imaginas qué habría pasado si me hubiera quedado callada? No habría tenido la oportunidad de compartir contigo mi historia. Podría no tener mi propia productora ni conducir mi pódcast. El mundo está cambiando y hemos avanzado. Recuerda: ¡no tengas miedo de luchar por ti misma y exigir lo que te mereces! Te prometo que siempre será lo correcto.

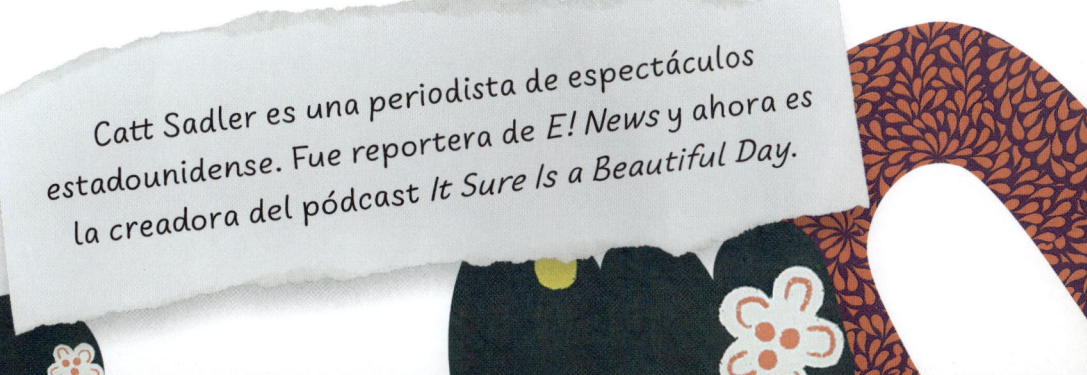

Catt Sadler es una periodista de espectáculos estadounidense. Fue reportera de E! News y ahora es la creadora del pódcast *It Sure Is a Beautiful Day.*

Querida rebelde:

Cuando supe que quería ser actriz, lo único en lo que podía pensar era en encontrar formas de llevar más de la alegría que sentía al actuar al resto de mi vida. Por desgracia, mi maestro de interpretación de secundaria tenía una idea muy clara en la cabeza sobre cómo debía verse una actriz, y esa imagen no era yo: pequeña y morena con ojos grandes y una voz clara. Su rechazo me dolió. Pero seguí adelante. Me uní a compañías de teatro juvenil y actué en espectáculos locales.

Cuando llegó la hora de ir a la universidad, supe que tenía un problema. Mis padres tenían opiniones muy firmes sobre qué debía estudiar: medicina, ingeniería… algo estable y «digno». La interpretación, por supuesto, no estaba en la lista. Así que ideé un plan. Estudiaría dos cosas al mismo tiempo: teatro y psicología. Así, todos tendríamos lo que queríamos. Podía trabajar por mi sueño de ser actriz y mis padres podrían conservar su sueño de ver las letras «Dra.» junto a mi nombre.

Todo fue muy bien hasta que llegó la graduación. No encontraba el valor para decir a mis padres que lo que quería hacer era actuar. Incluso envié solicitudes para entrar en programas de posgrado en psicología, con la esperanza de que no me aceptaran. No tuve suerte. Tuve que confesar. Mis padres no estaban contentos, pero lo resolvimos.

Pasé los siguientes quince años trabajando en bares e intentando conseguir papeles con todas mis fuerzas. Solo había una cosa que estaba clara: nadie sabía qué hacer conmigo. En una industria que funcionaba encasillando a la gente, yo era un enigma.

Me acostumbré a que profesionales de la industria me preguntaran cosas como «Pero ¿de dónde eres?» o a que dijeran «Pero no suenas como si fueras de India». Rechacé varios trabajos que me parecían degradantes o incorrectos. Perdí la cuenta de cuántas personas me pidieron que me cambiara el nombre. Productores, directores, agentes, mánagers, todos estaban seguros de que lo haría. Nadie me preguntaba si lo haría; en cambio, me preguntaban qué nombre escogería cambiar. ¿Nombre o apellido?

Una vez tuve una increíble oportunidad frente a mí. Había superado varias rondas de audiciones para un papel importante en una película.

Solo quedaba una cosa: ¿consideraba la opción de cambiarme el nombre?

Dije que no.

No me dieron el papel.

Pero seguí adelante.

Luego, usé mis experiencias para escribir un libro infantil, *Siempre Anjali,* sobre una niña que sufre de *bullying* porque tiene un nombre «diferente». Decidí que necesitaba crear mis propias oportunidades. Definí el éxito en mis propios términos y logré alcanzarlo en mis propios términos.

Tenía la suerte de haber actuado en películas y series increíbles. Conocí al hombre que se convertiría en mi esposo, después de muchos años de altibajos, y con el que tuve dos hijos maravillosos. Además, estaba haciendo lo que me apasionaba.

Pero entonces llegaron las palabras que me cambiarían la vida: «Tienes cáncer».

Tuve que enfrentarme a una de las cosas más aterradoras del mundo. Tuve conversaciones difíciles y confusas con los doctores, con mi esposo, mis hijos y conmigo misma. Me uní a un grupo de apoyo, encontré amor y camaradería con otras pacientes de cáncer, me sometí a quimioterapia y cirugías y encontré y perdí amigas inolvidables.

Ya estoy curada, aunque el cáncer nunca te abandona del todo.

Pero sigues adelante.

La vida está hecha de millones de momentos. La resiliencia lo es todo. Habrá picos extraordinarios. Y unos valles horrendos. Pero la mayor parte de la vida ocurre en medio.

Si hay algo de lo que estoy segura es de que sigues adelante, aun cuando estás triste, desanimada o enojada, y sientes que el mundo se te cae encima.

Creo que la resiliencia es una habilidad, que puedes practicar y con la que puedes ayudar a otros.

Recuerda que no existe una sola forma de hacerlo. Encuentra tu camino. Construye tu propia trayectoria.

No tienes por qué encajar en una etiqueta. Puedes estudiar varias cosas. Puedes hacer deporte y escribir. Puedes seguir probando con las cosas que te gusta hacer solo porque te gusta hacerlas y te hacen sentir viva y llena de energía.

Sé honesta con tus seres queridos. Tener conversaciones difíciles con la gente que te quiere no suele ser divertido, pero hará que tus relaciones sean más fuertes.

Recuerda que tu vida, tu cultura, tu familia y tus creencias te hacen única. Por cada persona que crea que tu comida es rara o que tu nombre suena extraño, habrá otras que valorarán tus experiencias, que querrán aprender de ti y que atesorarán eso que te hace única. Tu nombre cuenta una historia... tu historia.

No te conformes con encajar si puedes sobresalir. No dejes que nadie más te defina. Descubrir quién eres no solo será un viaje para toda la vida, sino que también será el viaje más importante que hagas.

Así que sal al mundo, pregúntale a una amiga o a un desconocido por su vida; prueba algo que nunca hayas comido; lee algo escrito por un autor con un nombre que no te sea familiar.

Y recuerda que tú puedes.

—Sheetal Sheth, otra rebelde que nunca ha encajado

Sheetal Sheth es una actriz, autora, productora y activista estadounidense.

Querida Ma:

Te veo en esa silla de ruedas, con los ojos tranquilos, pero moviéndose de lado a lado, queriendo entender. Te digo, «Ma». Me estrujas la mano. Dejas de mover los ojos y espero a que se posen sobre mí.

Dices, «Mmm», como para hacerme saber que reconoces que te estoy hablando. Entonces empiezas a hablar en un tamil revuelto. Conociéndote, sé que las ideas son muy importantes, pero, por desgracia, ya no puedo seguir el hilo de lo que dices. Me siento sola y me pregunto si tú sientes lo mismo. Tengo la suerte de que nuestra familia y comunidad me apoyan en mi soledad, y mi mayor deseo es que el alzhéimer no te impida darte cuenta de que tú también tienes apoyo y mucho amor.

Tenías doce años cuando terminaste de estudiar. La gente te dijo que deberías casarte, como tu madre y tu abuela. Te rebelaste.

Eras demasiado joven como para encontrar trabajo con tus habilidades, así que aprendiste taquigrafía, francés y a tocar un instrumento llamado *veena*. Por las noches, hacías cálculo dibujando en el suelo con la luz de las lámparas de queroseno. La gente te dijo que deberías casarte, como tu madre y tu abuela. Te rebelaste.

Conseguiste tu primer trabajo como operadora de un conmutador para poder

apoyar los pequeños ingresos de tu familia. Trabajaste para conseguir un título en estadística.

Con el poco dinero que ahorraste, coleccionaste libros que se convirtieron en tus compañeros. No dependías de nadie. La gente te dijo que deberías casarte. Te rebelaste.

Te uniste al ejército de la India y te formaste como enfermera. La gente te dijo que deberías casarte. Te rebelaste.

Pagaste para que tus hermanas y tu hermano fueran a la escuela. Dentro de tu esfera de influencia, hiciste todo lo que pudiste por mejorar sus vidas. Te casaste cuando quisiste, seguiste aprendiendo, obtuviste un doctorado. Me tuviste cuando quisiste. No sé si lo recuerdas todavía, pero me enseñaste a ser rebelde. Me enseñaste a vivir la vida que yo eligiera. Tus lecciones me ayudaron a convertirme en la líder de una organización que ayuda a millones de niñas a encontrar su fuerza interior y no dejar la escuela, a pesar de los obstáculos que puedan encontrar.

Sin ti, tus hermanas y sus hijos no habrían sabido que tenían opciones. Sin ti, yo jamás habría sabido de lo que soy capaz y qué es lo que debía hacer con el tiempo que tengo en la vida. Me mostraste el poder de la educación.

Me mostraste el poder de la rebelión.

Hoy comparto esta carta para ti con las niñas rebeldes de todo el mundo para que sepan que no están solas. A pesar de que tal vez no recuerdes cómo cambiaste mi mundo, me voy a asegurar de que tantas niñas como sea posible sepan cómo pueden cambiar el suyo.

Tu hija y alumna que te adora,
Geetha

La Dra. Geetha Murali es la presidenta de Room to Read, una organización internacional de vanguardia que transforma la vida de millones de niños a través de la educación, creando un mundo sin analfabetismo ni desigualdad de género.

Un mundo mejor

Recuerdo el día en que descubrí el mayor secreto de mi familia. Tenía siete años. Mi padre nos llamó para una reunión familiar y todos nos reunimos a su alrededor: yo, mi hermano menor, Nathan, y mi madre. Con una voz extraña y sombría, nos dijo: «Tengo que compartir algo que nunca puede salir de esta casa. Es un secreto muy grande, y si alguien lo supiera, incluso nuestros mejores amigos, nuestra familia podría separarse».

Sentí miedo de inmediato. ¿Cuál podía ser el secreto y por qué era tan peligroso?

Mi padre continuó: «Vivimos en Estados Unidos sin documentos. Eso significa que no somos residentes legales. Si alguien lo supiera, mamá y yo tendríamos que volver a Corea y, Tereza, tú tendrías que regresar a Brasil. Nathan nació aquí, así que tendría que quedarse».

La cabeza me daba vueltas. No estaba muy segura de qué significaba todo eso, pero me aterraba. Me imaginé al gobierno derribando la puerta de casa y separando a nuestra familia. Me imaginé el viaje a Brasil. Nací ahí, pero no había vuelto desde que era bebé. No conocía a nadie ahí y no hablaba el idioma. Me imaginé a mis padres en Corea, sin nosotros. Me imaginé a mi hermano, solo, en Estados Unidos. Nada de eso me parecía bien.

Conforme crecí, me guardé el secreto, junto con mis miedos. El piano me salvó. Tocarlo me ayudaba a escapar de las duras realidades de la vida. Cuando practicaba, ponía toda mi atención en la música y me transportaba a otro mundo.

Quise seguir estudiando piano después de la secundaria, pero tenía un problema. Para entrar en la universidad necesitaba un número de seguridad social, y no tenía ninguno. Le confié mi secreto a la directora artística de mi escuela de música. Ella me animó a ponerme en contacto con nuestro senador estatal. Recolecté cartas de apoyo de mi comunidad y me reuní con él. Aceptó escribir un proyecto de ley que me ayudaría a ir a la universidad y convertirme en ciudadana de Estados Unidos. Comenzó solo conmigo, pero, pronto, el proyecto se extendió para incluir a otros estudiantes indocumentados como yo.

Hay millones de personas en Estados Unidos que viven sin documentos. Muchos de ellos, como yo, llegaron aquí cuando eran muy pequeños y solo conocen la vida en este país. Otros, como mis padres, construyeron su vida adulta aquí. Estamos trabajando para ayudarlos a vivir aquí de forma legal, sin importar cómo o cuándo hayan llegado.

Me reuní con el senador estatal por primera vez en el año 2000 y desde entonces, varios legisladores han intentado aprobar muchas versiones de la ley. Hasta ahora, ninguna ha superado el trámite, pero seguiremos con la lucha. Las lecciones que aprendidas como música me ayudan en esto. La música me ha enseñado a ser disciplinada y organizada, a ser empática y auténtica, a no dejar que las barreras y los callejones sin salida decidan quién soy o qué voy a hacer. Me ha enseñado a creer en un mundo mejor.

Tereza Lee, con una blusa azul en la fotografía, es pianista, maestra en la Escuela de Música de Manhattan y directora de programas en la organización sin fines de lucro Church Street School for Music and Art.

Niñas del mundo

Mi verso tiene poder

Poder en sus palabras

Nosotras las niñas, las mujeres,

Estudiamos, escribimos y creamos

Nuestro potencial, nadie más lo

Hará invisible

Nosotras, las niñas del mundo

Estamos unidas

Nos empoderamos unas a otras

A pesar de las barreras del lenguaje

Yo me empodero

Y todas las niñas del mundo

Conquistamos nuestros espacios

El cielo no es el límite

Mujeres increíbles

Llegaron antes que nosotras

Y comenzaron

La batalla por nuestra

Libertad

Venero a
Dandara, Carolina de Jesús,
Rosa Parks y Nzinga y a
Muchas otras que
Lucharon por un mundo
Justo e igualitario
Niñas del mundo
Marquemos la diferencia
Sonriendo, con amor y empatía

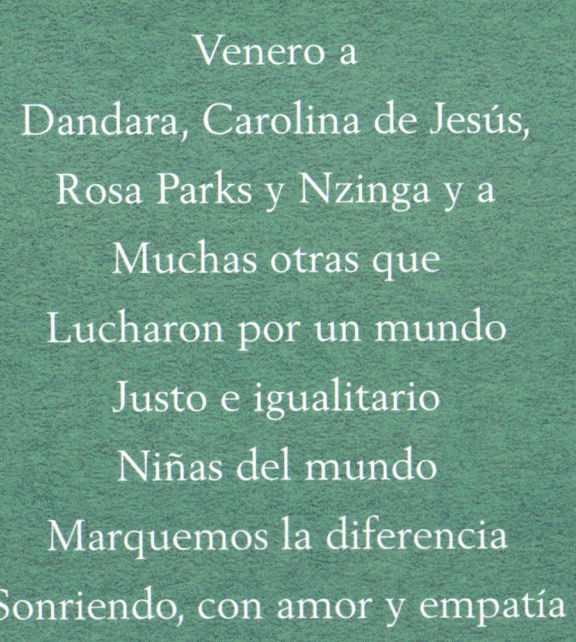

MC Soffia es una rapera, cantante y compositora brasileña.

La detective del plástico

Cuando tenía siete años, mi escuela organizó una carrera de globos benéfica que consistía en soltar unos globos para ver cual llegaba más lejos. Iba a una escuela pequeña, de unos setenta alumnos. Había un globo por cada uno de nosotros, y nuestros padres y amigos podían patrocinarlos. Cada globo llevaba una nota atada en la que pedíamos a quién lo encontrara que nos lo devolviese y nos contara dónde lo había encontrado. Recuerdo estar en el patio con mi globo en la mano y escuchar:

«¡Tres, dos, uno… YA!».

Soltamos nuestros globos y los vimos flotar hacia el cielo.

Unas semanas después, nos reunimos para conocer los resultados. En la escuela había un mapa del Reino Unido con pines que representaban la distancia que los globos habían recorrido. De sesenta globos, nos devolvieron tres. Uno llegó hasta Francia. Un granjero lo encontró en el campo, ¡hasta nos envió algunas de sus verduras! Fue emocionante, pero recuerdo haberle preguntado a mi madre: "¿Qué pasó con los demás globos? ¿Se cayeron al mar?". Podría decir que ese fue el comienzo de mi interés en los desechos en nuestros océanos.

Convertí esa curiosidad en una carrera investigadora. Ahora averiguo cómo el plástico llega al océano y qué le ocurre cuando entra en él. Mi objetivo es usar ese conocimiento para reducir la cantidad de plástico que hay en el océano. En una conferencia que di en una escuela, una de las niñas me describió como «la detective del plástico», ¡y creo que es una muy buena descripción de mi trabajo!

Cuando estaba haciendo mi doctorado, entendí el impacto que podía tener mi investigación. Estábamos investigando las microperlas en los exfoliantes faciales. Las microperlas son pequeñas partículas que ayudan a que nuestra piel esté suave y tersa. Sin embargo, muchos exfoliantes contienen microperlas de plástico. ¡Hasta yo los había usado sin saber que contenían plástico! Después de que nos enjuagamos la cara, estas pequeñas microperlas caen por el desagüe y luego, tal vez, llegan al océano. Nadie sabía cuántas partículas podía haber en un tubo de exfoliante. Mi equipo de investigación estaba decidido a averiguarlo. Después de muchas horas en el laboratorio extrayendo microperlas de distintos tubos de exfoliante, pudimos predecir que podría haber hasta tres millones de partículas en cada uno. ¡Miles podrían irse por el desagüe con cada uso!

Usamos nuestra investigación para lograr un cambio. Conforme la gente se enteró de lo que descubrimos, comenzaron a tomar decisiones diferentes y eligieron comprar exfoliantes distintos, unos que no llevaran microperlas. Cada persona podía evitar que millones de partículas de plástico llegaran a nuestros océanos cada vez que se lavaba la cara. Las empresas nos escucharon y retiraron sus productos de las tiendas. Luego, aprobaron leyes para prohibir la venta de productos con microperlas. Sentí una

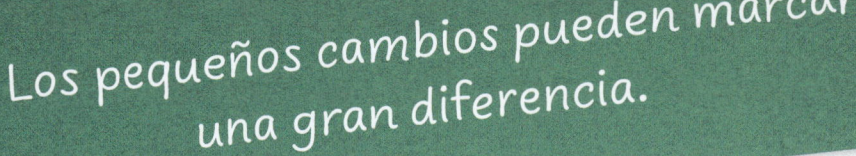

enorme satisfacción al saber que nuestra investigación había formado parte de la historia y había tenido una influencia posible en un cambio para el medioambiente.

Luego descubrimos que, al lavarla, nuestra ropa puede soltar más de 700.000 fibras que podían llegar al océano. La mayoría de nuestra ropa está hecha de plástico (revisa la etiqueta para saber si tu ropa está hecha de plásticos como poliéster, acrílico o nailon). Eso quiere decir que lavar la ropa puede tener como resultado liberar más plásticos en el océano. Después de eso, examinamos los filtros de las lavadoras y descubrimos que podían ser hasta un 70% efectivos para capturar las microfibras.

También demostramos que las bolsas de plástico «biodegradables» seguían lo suficientemente intactas como para resistir una carga completa de compras después de tres años en el mar. Estamos exigiendo etiquetas más claras y estándares gubernamentales para probar esos plásticos. Queremos asegurarnos de que las empresas no puedan decir que sus productos son ecológicos a menos de que cumplan con esos estándares.

Toda esta investigación me ha mostrado cómo los pequeños cambios pueden marcar una gran diferencia. Elegir un exfoliante sin microperlas podría evitar que tres millones de partículas de plástico lleguen al océano; solo lavar tu ropa cuando sea necesario podría evitar que 700.000 partículas sean liberadas de la lavadora, y llevar tus propias bolsas al supermercado puede detener la producción innecesaria de bolsas nuevas. Mi consejo favorito es que, si ves algo de basura en la calle, y es seguro hacerlo, la recojas y la tires. Te sorprenderá ver a cuánta gente inspirarás a hacer lo mismo.

Sin embargo, tenemos que seguir presionando a los gobiernos y a las grandes empresas. Ellos crean más oportunidades para cambios a mayor escala (por ejemplo, prohibir los cubiertos desechables). Necesitamos que se adopte una economía circular y reutilizar los objetos de plástico cuantas veces sea posible. ¡Piensa en el más viejo que tengas en casa!

Aprendí todas estas cosas a través de la investigación, impulsada por la curiosidad que he sentido toda la vida. Esa curiosidad me ha llevado a muchos lugares nuevos, y la tuya puede hacer lo mismo por ti. Sigue tu curiosidad y escucha a tu corazón.

Imogen Napper es una investigadora británica. En 2018, se convirtió en exploradora de National Geographic e investigadora de Sky Ocean Rescue.

Encontrar mi espíritu rebelde

El año 1990 fue importante para mí. Fue cuando al fin me gradué en la Escuela Americana en El Salvador, un pequeño, hermoso y herido país en Centroamérica. Nací en Houston, Texas, pero crecí en El Salvador porque mis padres, salvadoreños, se divorciaron cuando yo tenía seis años y mi madre volvió a su ciudad natal junto con mi hermana y conmigo.

A los dieciocho años estaba más que lista para graduarme y volver a Texas para ir a la universidad en cuanto pudiera. Pero, primero, tenía que pasar por ese hermoso rito de paso conocido como los Superlativos del Anuario. Toda la generación de último año podía votar. Estaba segura de que solo había tres categorías en las que podía figurar: «Más linda», «Mejor vestida» o "Más amable" de la clase. Seguro. Los votos se contaron y mi destino quedaría decidido para siempre a manos de un grupo de chicos de diecisiete y dieciocho años a los que conocía de toda la vida. Me votaron la «Más inconformista». Sí, la inconformista. En otras palabras: «No encajas porque vas en contra de lo conocido y lo aceptado». Y yo lo leí como: eres la rara. Una rebelde.

Años después, llevo la marca del no conformismo con orgullo. Ese espíritu rebelde viene de saber que hay más en la vida que el *statu quo* y lo que podemos ver. Ese espíritu me ha guiado cada vez que siento que soy demasiado diferente porque nadie a mi alrededor parece ver lo que yo veo ni tiene los mismos sueños que yo.

He llegado a entender que todos los pasos que di y que parecían estar fuera de lo ordinario estuvieron motivados por una visión que se fortalece cuando la honro, no cuando permito que otros la definan por mí o me coloquen en una cierta categoría. Al fin puedo permitirme decir que soy una visionaria y que mi espíritu rebelde e inconformista es lo que hace que mis ideas se hagan realidad.

Creé un negocio de la nada hace más de diez años, motivada por mi visión de una sororidad de mujeres latinas que desafiaba los estereotipos.

Quería elevar nuestras voces para representar la belleza y el poder de nuestras culturas.

Cuando lancé mi negocio, sin dinero, sin socios ni celebridades que lo promocionaran, no sabía en qué convertiría #WeAllGrow Latina. No sabía cómo se manifestaría esa visión, pues era territorio desconocido.

Fue el sueño de una comunidad global de mujeres latinas prósperas, que se apoyan y alientan unas a otras lo que me impulsó a seguir adelante. Crear comunidades y conectar a la gente es lo que mejor hago porque es lo que más necesito. Necesito el poder de la sororidad. Necesito un lugar en el que pueda ser mi verdadera yo y sentirme apoyada, en el que pueda animar a otras mujeres que están dando pasos enormes y valientes, desafiando las posibilidades y abriéndoles paso a otras mujeres... Un espacio seguro en el que sé que encajo.

Cuando mis compañeros me votaron como la «Más inconformista», ellos vieron algo en mí que yo aún no podía ver. Ellos sabían que no podía quedarme sentada y aceptar las cosas tal y como eran.

Mi consejo para mi hija de quince años y todas las niñas rebeldes: honra la autenticidad que tienes dentro y deja que sea la luz que te guíe. Deja que revele tu grandeza. Tu voz es la voz que importa. Tu visión es necesaria. Tu presencia es un regalo para el mundo.

Class Non-Comformists: Vanessa Kalberg
Ricardo Villeda
Ana Lilian Flores

Ana Flores es emprendedora, fundadora y copresidenta de #WeAllGrow Latina.

Querida rebelde:

Cuando comencé mi trabajo como directora ejecutiva de Winter Walk, no sabía nada sobre la indigencia. Tenía algunas ideas al respecto: las personas necesitan un lugar para vivir, las personas necesitan dinero, las personas necesitan trabajo. Resulta que en realidad, algo sabía.

Crecí amando el teatro. Sabía cómo montar obras y musicales; ese fue mi trabajo durante años y años. Pero recibí la increíble oportunidad de hacerme cargo de una organización sin fines de lucro enfocada en crear consciencia en torno a la indigencia, y acepté el trabajo porque me pareció que era algo bueno, que era lo correcto. Ni siquiera me imaginaba que la primera que necesitaba tener consciencia al respecto era yo. Ahora, este trabajo es mi pasión más grande y puedo ayudar a la gente a cambiar su percepción y pensar de forma distinta respecto a las personas sin hogar, para así generar grandes cambios en el mundo.

Todo el mundo merece respeto y dignidad, y todos somos seres humanos con una historia que contar. Todos queremos compartir nuestras historias, sentir que somos vistos y escuchados. Algunos no recibimos esa oportunidad. Los individuos y familias que he conocido que viven sin un techo tienen historias hermosas. Algunas están llenas de esperanza, otras son trágicas y algunas tocan todos los puntos intermedios. Pero esas historias nos muestran que hay cosas que podemos aprender sobre cómo alguien puede terminar en

> Todo el mundo merece respeto y dignidad, y todos somos seres humanos con una historia que contar.

una situación así y cómo podemos prevenirlo.

Terminar por completo con la indigencia es un reto enorme, pero hay cosas que puedes hacer para ayudar. El primer paso para marcar la diferencia es cambiar un poco tu forma de pensar. ¿En qué piensas cuando te imaginas a alguien sin hogar? ¿Piensas en un anciano sucio y que pide limosna? No estás tan equivocada. Suele ser lo que vemos cuando encontramos a alguien que no tiene hogar. Pero muchas personas sin techo se ven muy distintas. Hay indigencias invisibles. Puede haber alguien en tu escuela que no tenga casa. Igual no tiene que dormir en un refugio, en un coche o en la calle, pero tal vez viva con otras dos o tres personas de su familia porque no tienen una casa propia. Esa también es una versión de vivir sin hogar y puede ser muy traumática para una persona joven. Pero si somos comprensivos, amables y empáticos, podemos derribar algunas de las barreras que les complican tanto las cosas a los jóvenes en una situación así. Les haremos un poco más fácil vivir su día a día.

Digamos que te encuentras con alguien que se ajusta a la imagen típica que tienes de la indigencia. Mayor, desamparado. Que pide ayuda. ¿Qué sabes de su historia? Quizá hay algo en lo que se parece a la tuya; tal vez le gusta dibujar, escribir o jugar a fútbol. Las personas sin techo son como cualquier otro ser humano. Van a la escuela, a la universidad, son abogados y doctores, tienen hermanos y hermanas, padres y madres. A veces, un pequeño bache en su vida, una circunstancia traumática o inesperada, provocó que no tuvieran un techo permanente sobre su cabeza. Pero eso no quiere decir que debamos tratarlas distinto más allá de darles un poco más de apoyo y empatía.

¿Sabías que sonreírle a alguien puede marcar una enorme diferencia en su vida? En especial si es alguien frente a quien la gente acostumbra a pasar de largo. ¿O qué te parece si te planteas de forma distinta lo que has escuchado de la indigencia? Tal vez hayas oído a algún adulto o amigo decir: «¿Por qué no consiguen un trabajo?». ¿Sabías que cuando vives en un albergue, tienes que hacer fila cada tarde para conseguir una cama para esa noche? ¿Cómo puedes conservar un trabajo cuando tienes que salir a las dos de la tarde para tener un lugar donde dormir? ¿Cómo vas y vienes del albergue, que puede que esté lejos de tu trabajo?

No he conocido a nadie sin hogar —y he conocido a cientos de personas en esa situación— que quiera vivir así. Nadie quiere pedir limosna. Nadie quiere vivir esa experiencia. Pero las circunstancias así lo dictaron. No es la historia completa.

Sé que la indigencia no es un tema fácil de discutir o pensar. Trae consigo muchas preguntas y confusión. Pero es algo sobre lo que deberíamos sentirnos con la seguridad para hacer preguntas. Hay respuestas muy útiles, y me han cambiado la vida. Tal vez, con tan solo hablar del tema podrías inspirar a otros a tratar a todas las personas con dignidad.

Las cosas que he mencionado son solo algunas cosas que podemos empezar a hacer para hacer un cambio. Son la puerta verdadera hacia un cambio en nuestro país y el mundo. Te envío una sonrisa y unas cuantas formas distintas de pensar en ello. Y, quizá, la próxima vez no pasarás de largo... sino que lo harás de otra manera.

Con gratitud,
Ari Barbanell

Ari Barbanell tiene la misión de terminar con la indigencia en Winter Walk, Boston. También ha trabajado como productora de teatro.

182

Querida rebelde:

Cuando tenía dieciséis años, monté una banda de chicas llamada The Runaways. Compusimos canciones, grabamos discos e hicimos giras por todo el mundo. Fue una experiencia increíble, pero no fue fácil, en especial para una banda formada solo por mujeres.

No se hizo más sencillo con mi siguiente banda, Joan Jett and the Blackhearts. Nadie quería contratarnos. «¿Una chica con una guitarra?», decían. «Si tan solo dejara la guitarra...». Es difícil imaginarlo ahora, pero hubo una época en la que una chica con una guitarra eléctrica ponía nerviosa a la gente, la hacía enojar, incluso, porque no era lo que se esperaba. Pero no dejé que nada de eso me detuviera. Cuarenta años después, seguimos haciendo música y tocando por todo el mundo.

Una cosa por la que me preguntan con frecuencia es por el pánico escénico. Siempre existen los nervios, pero, a mí me desaparecen en

cuanto subo al escenario. La espera y las ansias por comenzar ¿pueden ser incómodas? ¿difíciles de gestionar? Pero una vez que estás bajo los focos , guitarra en mano, y escuchas que la gente canta tus canciones… se te olvida todo.

Cuando estaba empezando con The Runaways, tocamos en muchos conciertos como teloneras. Eso significaba que el público no estaba ahí para escucharnos a nosotras. Cuando salíamos al escenario, la gente ya estaba esperando a que termináramos. En el mejor de los casos, no nos prestaban mucha atención; en el peor, nos abucheaban y lanzaban cosas. Teníamos que darlo todo y ganarnos al público. No iban a vernos a nosotras, pero les íbamos a ofrecer un buen show de todos modos.

Sin embargo, muchas veces lo más difícil ocurría fuera del escenario, cuando nos entrevistaban o cuando los medios hablaban de nosotras. A veces, cuando hablaban de nosotras, había un aire de «Sí, son buenas para ser mujeres», o «¿Una banda de mujeres? ¡Qué lindo!».

Era muy frustrante. No queríamos ser lindas, queríamos que nos tomaran en serio. Queríamos que la gente fuera a nuestros conciertos y cantara nuestras canciones. Cuando la gente nos llamaba banda de chicas, nos estaban considerando menos. Éramos una banda de chicas, sí. Pero queríamos que la conversación fuera sobre nuestra música, no sobre que éramos mujeres. Eso no cambió demasiado cuando formé a las Blackhearts.

Ese ha sido el mayor obstáculo al que he tenido que enfrentarme. Muchas dudas, cejas arqueadas y, en algunas ocasiones, crueldad pura. Tienes que trabajar el doble para recibir el mismo reconocimiento que los músicos hombres.

Si tuviera que volver al principio, lo repetiría todo. Mereció la pena, para poder hacer lo que amo todos los días. Pero esa lucha constante para demostrar lo que vales no es para todo el mundo. Si escoges ese camino, necesitas estar lista. Y tienes que rodearte de personas que lucharán a tu lado.

Sé que hay muchas mujeres haciendo música a las que no he escuchado todavía, que se están preparando para demostrarle al mundo lo que valen. Tal vez tú eres una de ellas. Tal vez solo te gusta ver rebeldes como tú sobre el escenario. Sea cual sea tu historia, hay un lugar para ti.

¡Nos vemos en el show!

Joan Jett es una cantante, guitarrista, compositora y productora estadounidense. Toca con su banda Joan Jett and the Blackhearts. Ingresaron en el Salón de la Fama del Rock and Roll en 2015.

Sobre Room to Read

Para *Querida Rebelde*, Rebel Girls se ha asociado con Room to Read. Juntas se comprometen a llevar historias diversas e inspiradoras a las niñas de todo el mundo. Muchas de las embajadoras de Room to Read, incluyendo la Dra. Geetha Murali, directora general de Room to Read, contribuyeron con sus palabras *Querida Rebelde*.

El Programa de Educación de niñas de Room to Read apoya a las adolescentes que sufren profundas desigualdades educativas y económicas y les brinda su apoyo a lo largo de la enseñanza secundaria. Room to Read también ayuda a los niños a aprender a leer y a amar la lectura, a través de su Programa de Alfabetización, mediante el cual forman a profesores, crean libros y materiales didácticos de calidad y llenan bibliotecas de libros infantiles de temáticas diversas en lenguas locales, que los niños pueden disfrutar en la escuela o en casa.

Desde su inicio en 2000, Room to Read ha beneficiado a millones de niños en más de 20 países, entre ellos Bangladés, Camboya, Honduras, India, Indonesia, Italia, Jordania, Laos, Nepal, Pakistán, Filipinas, Ruanda, Sudáfrica, Sri Lanka, Tanzania, Uganda, Estados Unidos, Vietnam y Zambia.

Descubre más en www.roomtoread.org.

Créditos de las imágenes

Todas las imágenes son propiedad de las colaboradoras a excepción de las siguientes.

11: Irvin Rivera

23: Mark Weber/age fotostock/SuperStock

27: Sthanlee B. Mirador, Sipa USA via AP

39: Guillermo Fridman

68: Brian Ach/Invision/AP

77: Stephen Kettle

90: Kin Coel, Norlha

104: Annette Liebovitz

107: Tapu Javeri

126: Andrew Kelly for NYSCI

181: Sam Kassirer

183: Evgenia Eliseeva

Más de Rebel Girls

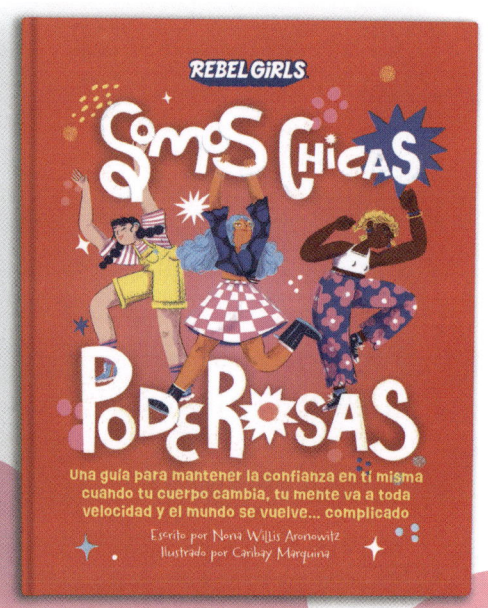

La adolescencia conlleva muchos cambios para las chicas. Por un lado están las cosas emocionantes: hacer amigos, descubrir tus superpoderes y encontrar tu lugar. Luego están las cosas no tan divertidas: cambios corporales, estrés escolar y ansiedad social. ¡Es entonces cuando descubrirás a tu Rebel Girl!

Este volumen de *Cuentos de buenas noches para niñas rebeldes* narra la vida de 100 mujeres valientes y extraordinarias y, además, cuenta con las ilustraciones de artistas de todo el mundo.

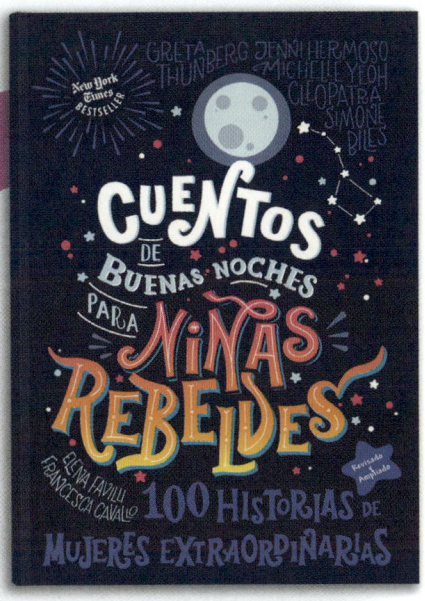

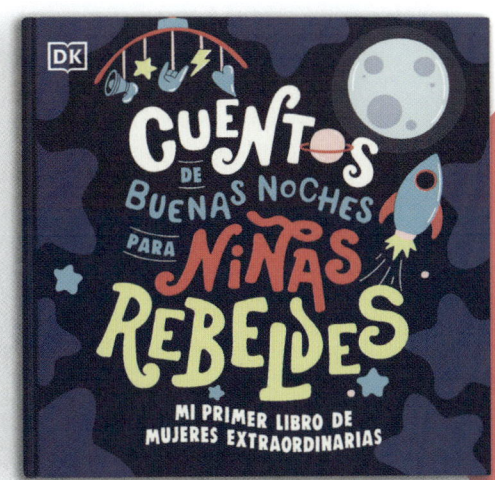

Con texto sencillo y maravillosas ilustraciones que reflejan el espíritu indomable de cada mujer.
El libro de buenas noches favorito de las pequeñas rebeldes en todo el mundo.

Sobre Rebel Girls

REBEL GIRLS es una marca multiplataforma de empoderamiento disponible en todo el mundo. Su objetivo es inspirar y empoderar a la próxima generación de niñas a través de contenidos, experiencias, productos y comunidad. Desde su primer best seller infantil, sirve como altavoz de las historias de mujeres reales de todas las épocas, lugares y campos de especialidad. La marca cuenta con una comunidad de casi 20 millones de niñas rebeldes en más de 100 países, y muestra su compromiso con la generación alfa en su serie de libros, pódcast, eventos y productos.

Como B Corp, formamos parte de una comunidad de empresas a nivel mundial que cumple elevados estándares de impacto social y medioambiental.

Únete a la comunidad:

- ✦ Facebook: facebook.com/rebelgirls
- ✦ Instagram: @rebelgirls
         @dk_editorial
- ✦ Twitter: @rebelgirlsbook
- ✦ TikTok: @rebelgirlsbook
- ✦ Página web: rebelgirls.com
- ✦ Pódcast: rebelgirls.com/podcast

Si te ha gustado este libro, por favor escribe una reseña sobre él en el sitio que prefieras.